RESUMEN

La erosión por escurrimiento del agua es la principal causa de degradación del suelo, tanto en la Amazonía como a nivel mundial. Según la Evaluación de los Ecosistemas del Milenio, la incompatibilidad de determinados usos del suelo con las condiciones edafoclimáticas locales, así como ciertas prácticas agrícolas dañinas, están aumentando esta degradación. El Estado Peruano se enfrenta a este problema a través de la zonificación rural, concretamente a través de la Zonificación Ecológica Económica (ZEE) que incluye el diagnóstico de Capacidad de Uso Mayor del suelo. Sin embargo, en la práctica la utilización de ZEE ha sido limitada en comunidades agrícolas de pequeña escala. Una de las dificultades que existen para utilizar exitosamente la zonificación rural es la diferencia existente entre la escala de los polígonos de la ZEE y la escala de predios pequeños, bajo la cual los productores toman decisiones relativas al uso de la tierra. El presente estudio examina la posibilidad de establecer un enlace entre la escala de zonificación y la escala de predios pequeños, mediante la aplicación de la Ecuación Universal de Pérdida de Suelo (USLE) en una cuenca rural usando mapas raster en SIG. Aunque la precisión en la estimación de pérdidas de suelo estuvo limitada por la calidad de los datos de entrada en el modelo, la aplicación de USLE permitió detectar diferencias entre polígonos de Capacidad de Uso Mayor en relación a cómo de vulnerables son frente a la erosión. Concluimos que la aplicación de USLE mediante SIG es una aproximación económica y eficaz para interpretar la Capacidad de Uso Mayor del suelo, y por tanto adecuada para la planificación a escala de predio pequeño. Mediante el desarrollo de factores de USLE específicos para la región, esta metodología puede ser igualmente una herramienta fiable para establecer políticas de uso y gestión del suelo.

ABSTRACT

Erosion from water runoff is the principal cause of soil degradation in the Peruvian Amazon and worldwide. According to the Millennium Ecosystem Assessment incompatible land uses and poor land management practices continue to increase land degradation. Peru is confronting these practices through agricultural zoning, specifically Ecological Economic Zoning, which includes a Best Use Capacity of Soils diagnostic. However, the implementation of zoning with the Best Use Capacity of Soils has been limited in small-scale agriculture communities. One of the challenges to implement zoning in these communities is the difference in scale between soil use capacity areas and agricultural lots, usually five to twenty hectares, in which farmers make land use decisions. This study tests the possibility of closing the gap between the scale of agricultural zoning and the scale of small farms using the Universal Soil Loss Equation (USLE) applied to a rural watershed using raster maps in GIS. Although the precision of soil loss estimates is limited due to data resolution, our use of

USLE reveals differences in soil erosion vulnerability within the Best Use Capacity of Soils mapping units and at a much finer resolution. We find that USLE applied with GIS is an affordable and time efficient tool for interpreting Best Use Capacity of Soils maps at the scale of the small farm. With future development of USLE factors specific to the region, this methodology could have an important policy role for agricultural zoning in small farm communities.

1. INTRODUCCIÓN

El suelo proporciona toda una gama de servicios ecosistémicos, no solo la producción rentable de cultivos, sino también la regulación de procesos hidrológicos, ciclos de nutrientes, clima, etc. Sin embargo, la incompatibilidad de determinados usos del suelo con las condiciones edafoclimáticas locales, así como ciertas prácticas agrícolas dañinas, hacen que actualmente estos servicios se pierdan en muchas regiones del mundo (Evaluación de los Ecosistemas del Milenio, 2005).

Tanto en la Amazonia peruana como a nivel mundial, la erosión por escurrimiento de agua es la principal causa de degradación del suelo. Cuando las condiciones edafoclimáticas favorecen los procesos erosivos y la cobertura vegetal no protege el suelo adecuadamente, el resultado es la pérdida de suelo y la degradación del recurso. En la Amazonia peruana, como en todos los trópicos húmedos, la pérdida de suelo puede ocurrir muy rápido debido a los altos niveles de precipitación (Labriere, 2015). En la Selva Alta, el potencial erosivo asociado a las lluvias se amplifica debido a la existencia de terrenos con pendientes pronunciadas.

La Amazonia peruana, y específicamente la Selva Alta, ha experimentado cambios rápidos en el uso del terreno durante las las últimas décadas, como así lo confirman las altas tasas de deforestación registradas en la zona. En los departamentos de San Martin, Huánuco y Ucayali, por ejemplo, las fronteras agrícolas presentaron una deforestación de hasta un 40% en el periodo de 2000 a 2014 (Holland, 2016). Este rápido cambio en el uso del suelo, pasando de bosque a usos productivos, implica un aumento de la erosión. La degradación del suelo se produce cuando su pérdida por erosión es superior a su tasa de formación.

En el Perú, el principal mecanismo para asegurar el uso prudente del suelo y su conservación es a través de la zonificación territorial que incorpora un diagnóstico de Capacidad de Uso Mayor de suelo. La Capacidad de Uso Mayor se define como "la aptitud natural del suelo para producir de forma constante -bajo tratamientos continuos y usos específicos- productos principalmente agrícolas," (MicroZEE, 2012). El diagnostico de Capacidad de Uso Mayor identifica suelos vulnerables a la erosión atendiendo a factores edafoclimáticos. Posteriormente, mediante una zonificación, se restringe el tipo de usos en terrenos vulnerables, de tal forma que solo se permitan aquellos usos que ofrezcan la protección requerida y no superen los niveles máximos de erosión aceptables.

Existen ciertos retos en relación a la utilización de la zonificación territorial en comunidades agrícolas de pequeña escala. Estas comunidades son productores importantes de café y cacao en la zona. El 90% del área de producción de café y el 70% del área de producción de cacao pertenece a pequeños productores con menos de diez hectáreas en producción (Helfgott, 2010). Uno de los principales retos para utilizar la zonificación territorial en estas comunidades es que la escala del mosaico de producción agropecuaria de pequeña escala es más fino que la escala del diagnostico de Capacidad de Uso Mayor del suelo. El sistema de zonificación del Perú, conocida como Zonificación Ecológica Económica, se aplica atendiendo a tres escalas espaciales: Macro, Meso y Micro. La escala de mayor detalle, la Micro-

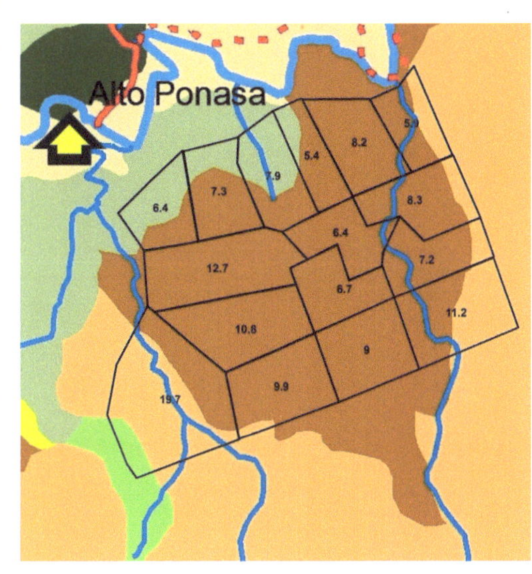

Predios agropecuarios de 5 a 20 ha. y polígonos de Capacidad de Uso Mayor por la Micro-Zonificación Ecológica Económica

Zonificación Ecológica Económica, utiliza cartografía correspondiente a una escala de trabajo mayor o igual a 1:25.000 (El Decreto Supremo N° 087-2004-PCM). Dentro del área de estudio, la *Micro-Zonificación Ecológica Económica de 9 Centros Poblados del Distrito de Shamboyacu* estableció la Capacidad de Uso Mayor de suelos en concordancia con el Reglamento de Clasificación de las Tierras del Perú, del Ministerio de Agricultura (1975), y con las ampliaciones sugeridas por la ONERN (MicroZEE, 2012). El mapa de Capacidad de Uso Mayor resultante (Apéndice B) identificó trece clasificaciones de Capacidad de Uso Mayor en polígonos que presentan una superficie promedio de 160 hectáreas cada uno. Sin embargo, los productores en el área de estudio toman decisiones relativas al uso de la tierra a escala del predio agropecuario, cuya superficie oscila entre 5 y 20 hectáreas, y abarca varios distintos usos.

La información disponible del área de estudio indica que las condiciones topográficas son muy variadas y heterogéneas incluso dentro de cada polígono de Capacidad de Uso Mayor. Por ello, diez de las trece clasificaciones de Capacidad de Uso Mayor incluyen varios usos dentro de los mismos polígonos, por ejemplo, los cultivos permanentes en asociación con pastos y producción forestal.

Debido a la topografía heterogénea del Distrito de Shamboyacu, y a la necesidad de planificar el uso del suelo a escala de predio agropecuario, planteamos las siguientes hipótesis: 1) la vulnerabilidad a la erosión varía dentro de cada área de Capacidad de Uso Mayor del suelo identificada en la *Micro-*

Zonificación Ecológica Económica de 9 Centros Poblados del Distrito de Shamboyacu y 2) la aplicación de la Ecuación Universal de Pérdida de Suelo (USLE) mediante sistemas de información geográficas (SIG) puede ser utilizada para detectar vulnerabilidad a la erosión dentro de predios agropecuarios de 5 a 20 hectáreas.

Este estudio aplica la Ecuación Universal de Pérdida de Suelo (USLE) para estimar niveles de vulnerabilidad a la erosión en comunidades agrícolas de la cuenca del Alto Ponaza en la Zona de Amortiguamiento del Parque Nacional Cordillera Azul (ZA de PNCAZ). USLE es un modelo matemático empírico que estima perdidas de suelo en tierras agrícolas y es la herramienta más utilizada a nivel mundial. USLE se define mediante la ecuación A = R • K • L • S • C • P donde A es la erosión anual del suelo (t ha−1 año−1); R es el factor de erosividad por precipitación (MJ mm ha−1 h−1 año−1); K es el factor de erodabilidad del suelo (t ha h ha−1 MJ−1 mm−1); L es el factor de longitud de pendiente; S es el factor de pendiente; C es el factor de cobertura; y P es el factor de prácticas de conservación (L, S, C y P son adimensionales).

1. ECUACIÓN UNIVERSAL DE PÉRDIDA DE SUELOS (USLE)

$$A = R \cdot K \cdot L \cdot S \cdot C \cdot P$$

A =erosión anual del suelo

R =erosividad por precipitación

K =erodabilidad del suelo

L =longitud de la pendiente

S =grado de la pendiente

C =factor de cobertura vegetal

P =practicas de conservación

USLE fue desarrollado por Wischmeier y Smith en los EEUU (1978) como herramienta para estimar niveles de erosión en parcelas agrícola. En 1991 Renard et al. revisaron la ecuación para aumentar su precisión bajo condiciones típicas, lo que dio lugar a la Ecuación Universal de Pérdida de Suelo Revisada (RUSLE). Sin embargo, la ecuación original es más fiable cuando existen pendientes severas en el terreno, y por ello en este estudio aplicamos la ecuación original USLE; ver 2.3 FACTOR DE ESCORRENTÍA (FACTOR LS - GRADO Y LONGITUD DE PENDIENTE) para más información. Dentro del entorno SIG la aplicación de USLE fue inicialmente aplicada en parcelas, y posteriormente a paisajes más complejos, reemplazando el factor de longitud (L) y grado (S) de la pendiente por un valor combinado que representa la energía de escorrentía. La energía de escorrentía se calcula con algoritmos que mapean el flujo de agua superficial derivado de mapas digitales de alturas.

La ecuación USLE ha sido aplicada tanto en los trópicos como en zonas templadas. Sin embargo, en su análisis reciente de 61 estudios de erosión en los trópicos Labrière et al. (2015) concluyeron que la aplicación de USLE a zonas tropicales requiere factores que son calibrados para adaptar el modelo al contexto. En las regiones tropicales, la vegetación crece más rápido y, como resultado, la erosión se concentra en las zonas desprovistas de vegetación. Cuando los autores aplicaron USLE haciendo uso de factores de cobertura desarrollada correspondientes a zonas templadas, la ecuación sobreestimó las pérdidas de suelo en tierras agrícolas de zonas tropicales. La falta de información sobre los factores de USLE en zonas tropicales constituye un reto para la aplicación eficaz del modelo en países situados dentro de estas zonas.

Para calcular la vulnerabilidad a la erosión mediante USLE dentro de la cuenca de Alto Ponaza, se han utilizado, siempre que ha sido posible, factores obtenidos a partir de datos de zonas tropicales húmedas. Igualmente, se ha considerado la idoneidad de cada factor para captar la dinámica de erosión en el área de estudio.

2. DATA Y MÉTODOS

Para estimar los niveles de erosión en la cuenca de Alto Ponaza calculamos los factores LS, R, K, C y P usando datos geográficos de alturas, cobertura vegetal, precipitación y suelos.

Primero delineamos la cuenca objeto de estudio. Posteriormente interpretamos los datos geográficos existentes para calcular el valor de cada factor de la ecuación USLE. Creamos mapas raster con pixeles de 20 x 20 metros para representar los valores de Factor LS, Factor R, Factor K, Factor C en toda el área de la cuenca. Finalmente, multiplicamos los valores de cada factor para estimar la erosión actual ($A = L \cdot S \cdot R \cdot K \cdot C$) y la vulnerabilidad del suelo a la erosión ($L \cdot S \cdot R \cdot K$) para cada pixel de la cuenca. El Factor P de USLE queda excluido del modelo, dado que las prácticas de conservación todavía no ha sido adoptadas en el área del estudio, ver 2.6 FACTOR DE PRÁCTICAS DE CONSERVACIÓN (FACTOR P).

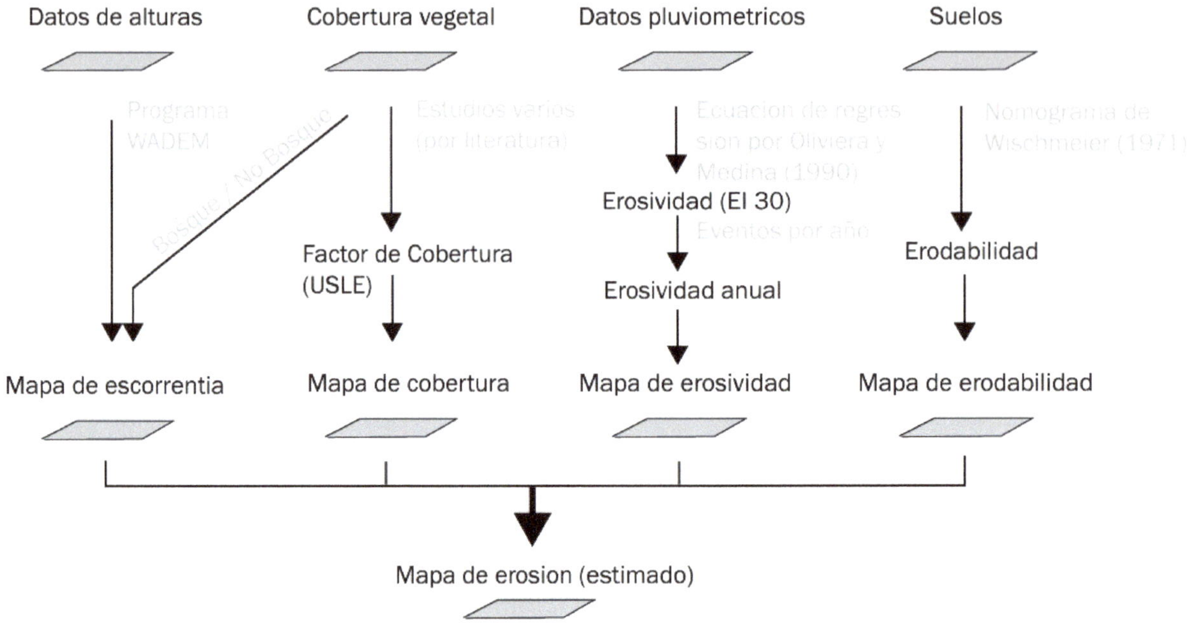

Figura conceptual de Hoyos (2005) y adaptado por el autor

2.1 DESCRIPCIÓN DEL SITIO Y D DELINEACIÓN DE LA CUENCA

El área de estudio abarca una superficie de 238 kilómetros cuadrados. Limita al noroeste del Parque Nacional Cordillera Azul, ubicado en el Departamento de San Martin. La cuenca drena el área comprendida entre la zona de confluencia del Rio Ponaza y el Rio Shamboyaquillo, situada a 300 msnm, y la zona de cabecera situada a 1150 msnm, donde la divisoria de la cuenca coincide con el límite del Parque. El área cuenta con un clima cálido y húmedo con promedios de precipitación que varían con la altura entre los 1250 mm/ año en zonas bajas hasta los 3050 mm/ año en cabecera (SENAMHI Shamboyacu; Puesto de Vigilancia 16 del PNCAZ).

Existen 8 formaciones geológicas que conforma la base de la cuenca, creando un relieve muy variado principalmente formado por laderas monoclinales con varios niveles de degradación y disección (MicroZEE, 2012). Dada la variación en material parental y condiciones topográficas, la cuenca cuenta con una elevada variabilidad edáfica, con 26 unidades de suelos pertenecientes a los órdenes Entisol e Inceptisol (Escobedo Torres, 2012).

Los datos de cobertura vegetal más reciente (2010) indicaron que el bosque primario ocupa el 60% de la cuenca, principalmente Bosque Húmedo – Tropical y Bosque Premontano Tropical (MicroZEE, 2012).

Para facilitar el análisis geográfico se delimitó la cuenca de Alto Ponaza desde el punto de unión con el Rio Mishquiyaquillo. El límite de la cuenca se obtuvo mediante los datos de altura de un modelo digital del terreno (MDT) siguiendo el procedimiento empleado por Torres y Leyva (Delimitación de una Cuenca Hidrográfica en ArcGIS, sin fecha) y GIS4 Geomorphology (Watershed Delineation, sin fecha).

3. MAPA DE LA CUENCA DE ALTO PONAZA, ZONA DE AMORTIGUAMIENTO DE PARQUE NACIONAL CORDILLERA AZUL, PERÚ

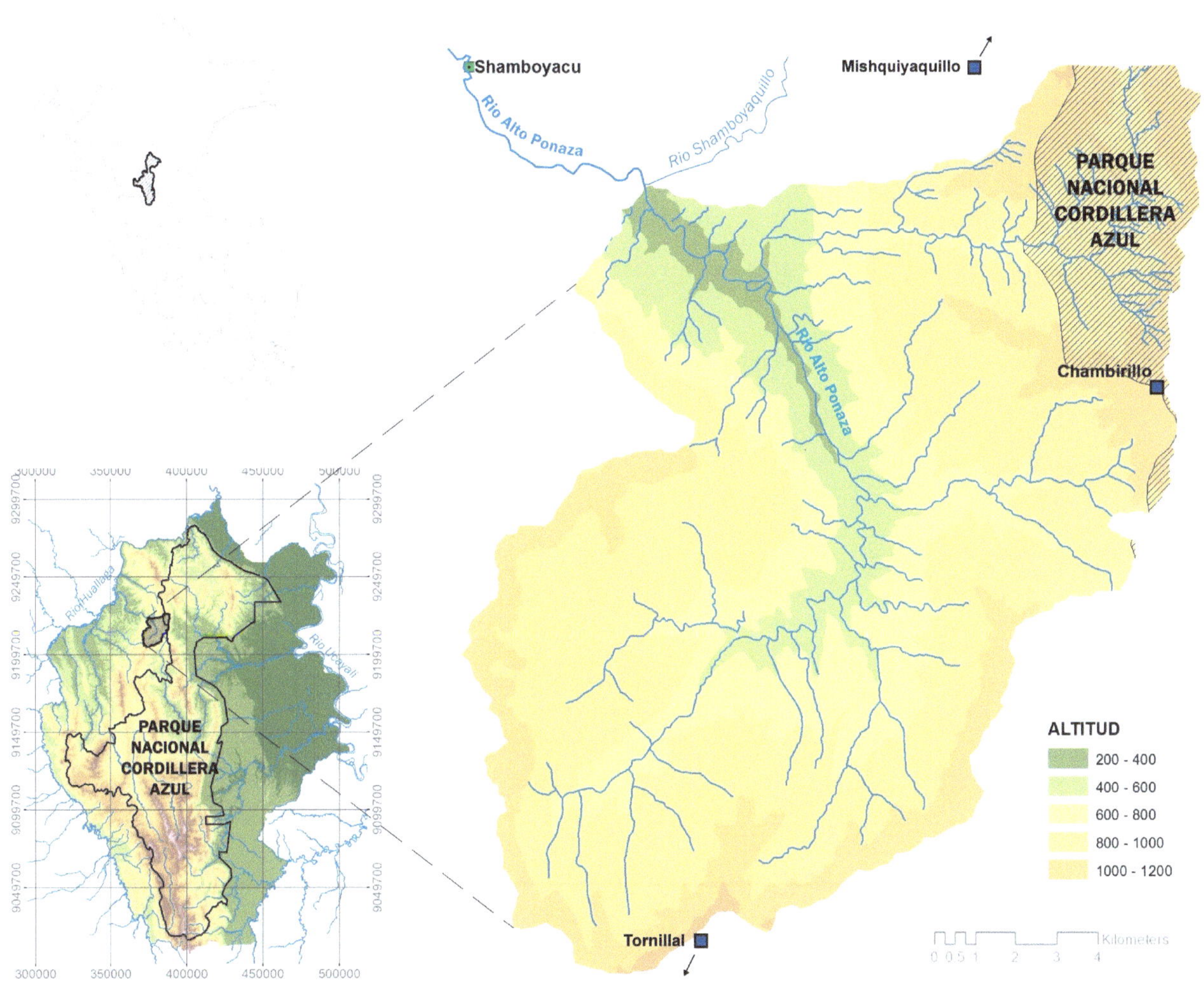

2.2 Factor de erosividad de las precipitaciones (Factor R)

El Factor de erosividad de las precipitaciones fue calculado con datos de precipitaciones diarias del Servicio Nacional de Meteorología e Hidrología del Perú (SENAMHI) en la Zona de Amortiguamiento de Parque Nacional Cordillera Azul, y por estaciones de guardaparques situadas en el límite del Parque. El método de cálculo se basó en una ecuación de regresión desarrollada por Oliveira y Medina (1990).

Dado que el territorio del Perú todavía no cuenta con un mapa de erosividad aprobado (Elsenbeer et al., 1993) y que los datos pluviométricos disponibles para el área de estudio no tienen la resolución temporal requerida (30 min) para calcular erosividad en la manera definida por Wischmeier y Smith (1978), se empleó una ecuación de regresión para estimar valores de erosividad con datos de precipitación mensual y anual. Este enfoque ha sido utilizado en muchos países, y en tanto trópicos como en regiones templadas. Se testaron tres ecuaciones de regresión. La primera fue desarrollada en EEUU por Renard (1994) con datos de 155 estaciones pluviométricos, la segunda en Hawái (EEUU) por Lo et al., (1985) y la tercera por Oliveira y Medina (1990) con datos pluviométricos de Manaos (Brasil).

Comparando los resultados de las tres ecuaciones, encontramos que la ecuación de regresión de Renard sobrevaloró la erosividad en áreas con alta precipitación anual, especialmente para precipitaciones superiores a 3.000 mm/ año. La ecuación de Renard fue desarrollada con datos de precipitación no superiores a 1.600 mm/ año, y 19 de las 36 estaciones pluviométricas alrededor del Parque Nacional Cordillera Azul presentan valores de precipitación anuales superiores a dicho valor. La ecuación de regresión de Lo et al. y Oliveira y Medina produjeron valores de Factor R similares. Se calculó el Factor R con la ecuación de Oliveira y Medina, desarrollada con datos pluviométricos de Manaos, cuyo promedio de precipitación (2.219 mm/año) y clima (tropical húmedo) son los que más se asemejan al área de estudio.

El mapa de Factor R fue derivado mediante el siguiente proceso:

- Revisamos los datos de precipitación del SENAMHI y las estaciones del Parque Nacional Cordillera Azul, excluyendo estaciones con menos de tres años completos de datos de precipitación. Según las indicaciones de la Ecuación Universal de Perdidas de Suelo, el análisis de erosividad se debe realizar con al menos 20 años de datos, de tal modo que el efecto asociado a existencia de patrones cíclicos en la precipitación pueda ser incorporado en el análisis. Sin embargo, la escasez de datos pluviométricos históricos en muchos países ha obligado a muchos investigadores a calcular la erosividad con series de datos cortas (Oliveira, Wendland y Nearing, 2013). Los guardaparques de PNCAZ han tomado datos de precipitación únicamente en los últimos años, y las estaciones pluviométricas de guardaparques más cercanas al área de estudio cuentan solo con 3 años de datos completos.

- Aplicamos la ecuación de regresión de Oliveira y Medina. Primero calculamos el índice modificado de Fournier (MFI, por sus siglas en inglés) usando datos promedio de precipitación mensual y anual para cada una de las estaciones pluviométricas y cada mes del año, MFI = (precipitación mensual promedio)^2 / (precipitación anual promedio). Posteriormente, calculamos el valor del índice de erosividad de lluvia mensual (EI30) en MJ mm ha−1 h−1 para cada estación, empleando para ello la ecuación de regresión de Oliveira y Medina, EI30 = 42.77+3.76 (MFI). Calculamos el número promedio de precipitaciones superiores a 10mm para cada estación pluviométrica y cada mes. Finalmente, se determina el Factor R, la erosividad de precipitación anual promedio en MJ mm ha−1 h−1 año−1; se multiplica el EI30 de cada mes y el número de eventos de lluvia promedio superior a 10mm; y se suman los resultados de los doce meses para obtener el valor anual correspondiente a cada estación pluviométrica.

- Creamos un mapa del Factor R. Mapeamos las estaciones pluviométricas con su valor de erosividad anual (Factor R). Creamos una superficie, con pixeles de 20x20m, con objeto de interpolar los valores de erosividad entre puntos ('Interpolation' > 'Spline'). Finalmente, recortamos el mapa a los límites del área de estudio ('clip').

2.3 FACTOR DE ESCORRENTÍA (FACTOR LS - GRADO Y LONGITUD DE PENDIENTE)

El factor de escorrentía (Factor LS - grado y longitud de pendiente) fue calculado mediante el programa WATEM/SEDEM (Katholieke Universiteit Leuven, 2005), cuya descarga en internet puede realizarse de forma gratuita. WATEM/SEDEM trabaja con el formato IDRISI y pixeles de 20x20m. Decidimos usar este programa en vez de generar el mapa del Factor LS en ArcMap porque WATEM/SEDEM usa un algoritmo multidireccional para calcular el flujo de agua mientras que ArcMap usa un algoritmo unidireccional (ver discusión en Hoffmann Oliveira et al., 2013). Tras evaluar los dos métodos de cálculo, determinamos que los resultados del WATEM/SEDEM reflejan mejor la compleja topografía de la cabecera de la cuenca Alto Ponaza.

Generamos dos mapas de Factor LS, uno que incorpora la infiltración en las superficies de bosque existentes para estimar la erosión actual, y el segundo sin incorporar la infiltración para para analizar la vulnerabilidad a la erosión que, presumiblemente, podría producirse en el futuro como consecuencia de la implementación de nuevos usos del suelo.

Los mapas de Factor LS fueron generados mediante el siguiente proceso:

- Se realizó un mapa de alturas (MDT – SRTM con vacios rellenados, 1 arc segundo) para el área de estudio (cabecera de la cuenca Alto Ponaza), cuya descarga de https://earthexplorer.usgs.gov/ se puede realizar de forma gratuita, se reinterpretó de pixeles de 30x30m a pixeles de 20x20m ('Resample > Bilinear').

- Se creó un mapa delimitando la cuenca y la cobertura forestal dentro de la misma. WADEM incorpora infiltración de precipitación en bosque.

- Se generó otro mapa con la delimitación de la cuenca, esta vez sin incluir la cobertura forestal para analizar la vulnerabilidad a la erosión que podría producirse en el futuro con la implementación de nuevos usos del suelo.

- Calculamos el Factor LS (con bosque) y el Factor LS (sin bosque) usando la función de longitud de pendiente de Wischmeier y Smith (Wischmeier and Smith, 1978) y la función de grado de pendiente de Nearing (Nearing, 1997). Aunque las expresiones matemáticas correspondientes al gradiente y la longitud de la Ecuación Universal de Perdidas de Suelo han sido revisadas ver Liu et al., 2001 – citado por Hoyos, 2005), se optó por utilizar la función original de Wischmeier y Smith por ser más fiable en pendientes pronunciadas. Del mismo modo, la función de grado de pendiente de Nearing es considerada mejor para topografías con pendientes pronunciadas. La función de grado de pendiente de Nearing fue desarrollada con datos de pendientes de hasta un 55%. Por el contrario, las otras funcionas se desarrollaron con datos de pendientes no superiores al 25% (Wischmeier y Smith, 1978; McCool et al., 1987 – citado por Hoyos, 2005). La cabecera de la cuenca Alto Ponaza tiene pendientes superiores al 25% en el 39% de su superficie.

- Convertimos los mapas de Factor LS de formato IDRISI a TIFF para facilitar su manejo en ArcMap.

Se recomienda revisar el Apéndice A: Análisis de escurrimiento por WATEM para una descripción más detallada sobre el uso de WATAM/SEDEM.

2.4 FACTOR DE ERODABILIDAD DEL SUELO (FACTOR K)

El Factor de erodabilidad del suelo (Factor K) fue calculado con el nomograma de erodabilidad del suelo (Wischmeier et al. 1971) y datos del *Levantamiento de Suelo del Sector Shamboyacu, San Martin: Clasificación de las Tierras por Capacidad de Uso Mayor, Zonificación Ecológica Económica de la Zona de Amortiguamiento del Parque Nacional Cordillera Azul* (Escobedo Torres, 2012).

El nomograma de Wischmeier es la ecuación de erodabilidad más utilizada y mas citada; incorpora parámetros de textura del suelo (M), porcentaje de materia orgánica (OM), clase de estructura ($c_{soilstr}$) y clase de drenaje (c_{perm}).

$$K_{USLE} = \frac{0.00021 \cdot M^{1.14} \cdot (12 - OM) + 3.25 \cdot (c_{soilstr} - 2) + 2.5 \cdot (c_{perm} - 3)}{100}$$

$$
\begin{aligned}
K_{USLE} &= \text{Erosionabilidad} \\
M &= \text{Párametro de textura} \\
OM &= \text{Materia orgánica \%} \\
c_{soilstr} &= \text{Párametro de estructura} \\
c_{perm} &= \text{Párametro de drenaje}
\end{aligned}
$$

El mapa de Factor K fue generado mediante el siguiente proceso:

- Se definieron valores de estructura (b) y drenaje (c) para cada suelo en el área de estudio. La obtención de estos valores se basó en información proporcionada por Escobedo Torres, 2012 y en los códigos asociado a estos factores en la ecuación de Wischmeier et al. (1971), reportados por SWAT (2012): **estructura**: 1- muy fino granular, 2- fino granular, 3- mediano o grueso granular y 4- blocosa, masivo, prismática o laminar; **drenaje**: 1- rápido, 2- moderado a rápido, 3- moderado, 4- lento a moderado, 5- lento y 6- muy lento.

- Se definieron valores del parámetro de textura (M) según Escobedo Torres (2012) y Hamer (1981; citado por Vis (1987)).

Parámetro de textura

Standard USDA texture classes	Approximation to M
Arcilla fina	210
Arcilla mediana	750
Arcilla arenosa	1215
Arcilla gruesa	1685
Franco arcilloso arenoso	2160
Limoso arcilloso	2510
Franco arcilloso	2830
Arena	3035
Franco arenoso	3245
Franco limoso arcilloso	3770
Franco arenoso	4005
Franco	4390
Franco limoso	6330
Limo	8245

- Atendiendo a los valores reportados por Escobedo Torres, 2012, se estableció el porcentaje de materia orgánica para el horizonte más superficial de cada suelo. Los suelos de tierras altas (suelos no hídricos) no suelen presentar porcentajes de materia orgánica superior al 10%. En aquellos casos en los que se encontró un suelo con más del 10% de materia orgánica en el primer horizonte, optamos por usar el porcentaje de materia orgánica del segundo horizonte. En estos casos, es razonable pensar que la muestra de suelo en el primer horizonte contuviera hojarasca, la cual es generalmente excluida del análisis de materia orgánica.

- Calculamos el Factor K utilizando la ecuación de nomograma de Wischmeier et al. (1971), para el horizonte más superficial de cada suelo en el área de estudio, primero en unidades del sistema inglés, y posteriormente en unidades métricas (t • ha • h / ha • MJ • mm). Para convertir las unidades del sistema inglés (tonelada • acre • hora / cientos de acre-pie-tonelada-pulgadas) a unidades métricas se multiplican los valores por 0,1317 (Foster et al., 1981).

- Mapeamos el Factor K para el área de estudio utilizando los polígonos de asociaciones de suelos creado por Escobedo Torres. Dado que cada asociación contiene dos series de suelo, asignamos el valor promedio de Factor K de las dos series de suelo a cada polígono de asociación. Convertimos los 'shapes' del Factor K promedio en mapas raster con pixeles de resolución 20x20m.

2.5 FACTOR DE COBERTURA VEGETAL (FACTOR C)

El Factor de cobertura vegetal (Factor C) fue asignado para las siete clases de cobertura identificadas en el análisis de cobertura vegetal correspondiente a la Micro-Zonificación Ecológica Económica de los 9 Centros Poblados del Distrito de Shamboyacu 2012. El análisis de la cobertura por la Micro-ZEE comprendió dos etapas; la primera consistente en realizar una clasificación supervisada de las imágenes de satélite RAPIDEYE del año 2010 (resolución espacial 5x5 m), y posteriormente un análisis que fue validado con los registros obtenidos en campo para este mismo periodo (MicroZEE, 2012). Se definió el valor del Factor C para las siete clases de cobertura: bosque, cultivos permanentes y purma alta (bosque secundario), cultivos anuales y purma baja (barbecho), pastos, suelos descubiertos, áreas urbanas y volumenes de agua, atendiendo a los valores citados en la literatura académica de zonas tropicales húmedas, y ajustando estos valores según las prácticas agrícolas de la zona.

El mapa de Factor C fue generado mediante el siguiente proceso y con los valores a continuación indicados para cada cobertura:

- El valor de Factor C para bosque primario reportado en la literatura académica oscila entre 0,0001 y 0,001. Considerando que el análisis del Factor LS ya incorporó el efecto de infiltración de la escorrentía en los suelos con cobertura forestal, se utilizo el más alto del rango de la literatura. Para el Factor C de bosque se adoptó 0.001, citado por FAO (1989) y Cox (1998).

- La purma alta con cultivos permanentes es un conjunto de coberturas que incluye cultivos permanentes en plantación, cultivos permanentes en sistemas agroforestales (SAF) y bosque secundario. De acuerdo con los registros relativos a las condiciones de los trópicos húmedos en Puerto Rico (*RUSLE Program* - citado por Hoyos, 2005), el café en plantación tiene un Factor C de 0.035, el café en SAF tiene un Factor C de 0.03, y bosque secundario tiene niveles de erosión equivalentes a los de un bosque primario (0.001) en los trópicos húmedos (Labrière et al., 2015). Se estima que el Factor C promedio para este conjunto de coberturas es 0.01 dado que los cultivos permanentes ocupan más superficie que los bosques secundarios.

- La purma baja con cultivos anuales es un conjunto de coberturas que incluye purma baja (barbecho) y diversos cultivos anuales y bianuales. En el área de estudio se practica la siembra directa sin arado, usualmente en suelos quemados. El maíz con laboreo mínimo (EEUU) tiene un Factor C de 0.05 (USDA, 2013) y los cultivos de plátano tienen un Factor C de 0.062 (FAO, 1989 – citado por Lianas et al, 2009, Costa Rica). La vegetación natural de altura inferior a 50cm tiene un Factor C de 0.012 (FAO, 1989 – citado por Lianas et al, 2009, Costa Rica). Se estima que el Factor C promedio para cultivos y purma baja es de 0.025.

- Los pastos forman una capa densa que protege el suelo contra la erosión, Sin embargo, cuando los pastizales se degradan, ya sea por un exceso de carga ganadera, quemas frecuentes, o por deslizamientos, pierden su capacidad para proteger el suelo. Los valores del Factor C recogidos en la literatura permiten definir el grado de protección de un suelo. ICE y Marchamalo reportan un Factor C de 0.013 para pasto (ICE, 1999 y Marchamalo, 2004, 2007 – citado por Lianas et al, 2009, Costa Rica) mientras que Saborío, Gómez y CATIE reportan un Factor C de 0.01 a 0.04 para pastizales (Saborío, 2002; Gómez, 2002 y CATIE, 2003 – citado por Lianas et al., 2009, Costa Rica). En la selva alta de Oxapampa, Ruiz (1986) documentó las mismas tasas de erosión en cuencas con pastizales degradados y en cuencas con cultivos anuales. Se estima que el Factor C para pasto en el área de estudio es 0.025, el mismo que para cultivos anuales con purma baja. Este valor se encontraría dentro del rango documentado por Saborío, Gómez y CATIE.

- Los suelos descubiertos en el área de estudio son principalmente suelos quemados preparados para la siembra, usualmente de cultivos anuales. Panagos et al. (2005) reportan que los suelos quemados tienen un Factor C comprendido entre 0.1 y 0.55 (~0.33). Sin embargo, USLE fue diseñado para estimar perdidas de suelo a largo plazo. En este contexto, consideramos que el suelo descubierto es una etapa en el proceso de siembra de cultivos anuales en rotación con purma, asignando un valor de Factor C de 0.025, y por tanto similar al de purma con cultivos anuales.

- Se asignó un valor de Factor C igual a 0 para volúmenes de agua y áreas urbanas. Aunque la erosión también afecta a los suelos urbanos, este estudio se centra en la degradación del suelo en tierras productivas.

2.6 FACTOR DE PRÁCTICAS DE CONSERVACIÓN (FACTOR P)

El Factor de prácticas de conservación (Factor P) incluye prácticas agronómicas y de ingeniería para reducir la pérdida de suelo por erosión. Actualmente, la rotación de cultivos con purma (barbecho) es la única práctica de conservación de suelo realizada en el área de estudio. El efecto que la rotación de cultivos con purma tiene sobre la conservación del suelo se ha incorpora al análisis del presente estudio mediante el Factor C. Se asignó Factor P igual a 1 en las zonas del ámbito de estudio que han sido desestimadas a efectos de cálculo de la erosión.

2.7 ESTIMACIÓN DE EROSIÓN ACTUAL

El mapa de estimación de erosión actual usa la ecuación de USLE (Erosión = R • LS • K • C • P) para calcular perdidas de suelo con factores de erosividad de lluvia (Factor R), escorrentía (Factor LS), erodabilidad de suelo (Factor K) y cobertura vegetal (Factor C).

El mapa de estimación de erosión actual fue generado mediante el siguiente proceso:

- Se utilizó el mapa algebra de ArcMap para multiplicar los mapas de Factor R, Factor LS (con bosque), Factor K y Factor C ("Raster Calculator", Mapa R • Mapa LS (con bosque) • Mapa K • Mapa C).

- Se clasificaron los niveles de pérdidas de suelo, en toneladas por hectárea/año, según las tasas de erosión definidas por Odura-Afriye (1996): Sin erosión 0 a 5; Baja 5 a 12; Moderada 12 a 50; Severa 50 a 200; y Extremadamente severa > 200 (T/ha/año).

2.8 VULNERABILIDAD A LA EROSIÓN (LSRK)

El mapa de vulnerabilidad a la erosión considera factores de topografía, precipitaciones y suelo sin incorporar el uso actual del terreno (cobertura vegetal).

Asimismo, el mapa de vulnerabilidad a la erosión incorpora el valor de escorrentía (Factor LS) sin considerar la infiltración adicional en áreas de bosque, porque las cuales podrían ser reemplazados por otros usos al futuro.

El mapa de vulnerabilidad fue generado mediante el siguiente proceso:

- Utilizamos el mapa algebra de ArcMap para multiplicar los mapas de Factor R, Factor LS (sin bosque), y Factor K ("Raster Calculator", Mapa R • Mapa LS-sin bosque • Mapa K).

- Se clasificaron los valores de vulnerabilidad según el potencial de erosión que, presumiblemente, podría producirse en el futuro como consecuencia de la implementación de los siguientes usos: cultivos anuales, cultivos anuales con prácticas de conservación de suelo, cultivos permanentes en sistemas agroforestales, y sistemas agroforestales mixtos formados por cultivos permanentes y bosques.

2.8 LIMITACIONES

La zona en la que se realiza el presente trabajo cuenta con estudios previos del suelo, cobertura vegetal y precipitación que hacen posible llevar a cabo los análisis presentados en este informe. Sin embargo, la resolución de los datos de estos estudios limita la exactitud de las estimaciones de pérdidas de suelo a escala de parcela. Las limitaciones en la disponibilidad y resolución de datos son consideradas en la próxima sección, incluyendo aspectos como la calidad de la resolución temporal de los datos de precipitación, la baja especificidad en la clasificación de las coberturas vegetales, la escasez de valores del Factor C para caracterizar las coberturas vegetales específicas de la región, y las distintas agrupaciones de series de suelos.

3. RESULTADOS

3.1 EROSIVIDAD

Utilizando la ecuación de regresión de Oliveira y Medina (1990), se calcularon los valores de erosividad (Factor R) para Alto Ponaza. Los valores de erosividad obtenidos se encontraron comprendidos entre 4.342 y 14.450 MJ mm ha−1 h−1 año, encontrando los valores más altos en zonas elevadas (1150 msnm) cerca de la divisoria entre las cuencas Ucayali y Huallaga, y los valores más bajos en las zonas situadas en el entorno del Rio Ponaza y Rio Shamboyaquillo (350 msnm). Este rango de valores de erosividad concuerda con los obtenidos en otros países tropicales húmedos (Hoyos, 2005b) y generalmente concuerdan con los valores calculados mediante la ecuación de Lo et al. (1985). La aplicación de la ecuación de Renard (1994) produjo un rango de erosividad superior al obtenido en la mayor parte de estudios realizados en otros países tropicales húmedos.

Local	Fuente	mm/año	R (Renard) EEUU Continental	R (Oliveira y Medina) Manaos, Brasil	R (Lo et al., 1985) Hawái, EEUU
PV15-MISHQUIYAQUILLO	PNCAZ	2141	16.789	**7.597**	7.486
PV16-CHAMBIRILLO	PNCAZ	3044	34.918	**14.450**	10.631
PV19-TORNILLAL	PNCAZ	1944	13.731	**6.922**	6.804
153326/ SHAMBOYACU / DRE-09	SENAMHI	1343	6.353	**4.342**	4.712

La precisión del cálculo de la erosividad se vio limitada por la resolución temporal de los datos de precipitación. La erosividad anual se obtuvo considerando el número de lluvias erosivas superiores a 10mm de precipitación. De acuerdo con la descripción de la erosividad y las características de Brasil, una lluvia se considera erosiva si precipitan 6 mm en 15 minutos o 10 mm en un periodo de tiempo más largo (Oliveira et al., 2011a; Wischmeier, 1959). Dado que la resolución temporal de los datos de precipitación en el área de estudio es de 12 horas en el caso de los datos de SENAMHI, y de 24 horas para los datos de PNCAZ, no es posible identificar eventos erosivos cortos con más de 6mm de precipitación. Por ello, los valores de erosividad obtenidos en el presente estudio probablemente se encuentran minusvalorados. Esto podría explicar por qué al comparar la relación entre precipitación mensual y erosividad de Alto Ponaza con 74 lugares de Brasil (ver Oliveira, Wendland y Nearing, 2012), se observe que los valores de erosividad del área de estudio se encuentran aproximadamente 4000 MJ mm ha−1 h−1 año por debajo del promedio en Brasil. En todo caso, los valores de erosividad calculados para Alto Ponaza se encuentran dentro del rango de valores de erosividad obtenidos en estudios de Brasil.

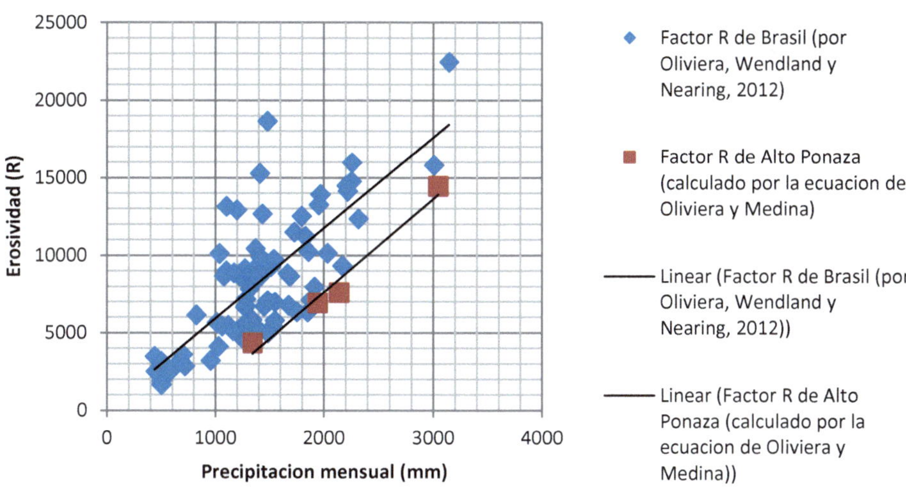

3.2 ESCORRENTÍA (GRADO DE PENDIENTE Y ÁREA DE CONTRIBUCIÓN)

El mapa de escorrentía replica el drenaje del agua por la superficie del terreno, mostrando valores de caudal más elevados en pendientes y en zonas cóncavas donde el agua tiende a acumularse. Por contra, las superficies planas y convexas presentan valores de escorrentía limitados. Al comparar el mapa de escorrentía con el mapa de pendientes (no incluido en este informe), se observa que existe mayor escorrentía en las superficies con pendientes más pronunciadas.

Cuando el cálculo de Factor LS incluye la infiltración de la precipitación en bosques, los valores varían entre 0 y 195, siendo un 95% de los valores registrados en la cuenca inferiores a 28. Cuando no se considera el efecto de la infiltración en los bosques, los valores del Factor LS son más elevados, alcanzando un máximo de 305, y con un 95% de los valores registrados en la cuenca inferiores a 44 (Figura 8).

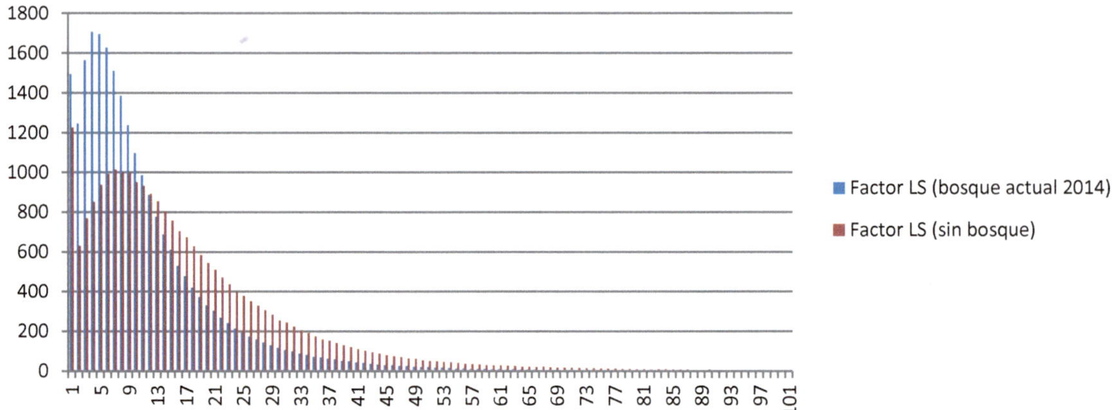

3.3 ERODABILIDAD DEL SUELO

Los suelos de Alto Ponaza son de erodabilidad baja a moderada. Foster et al (1981) reporto que la erodabilidad (Factor K) varia típicamente entre 0.01 y 0.06 t • ha • h / ha • MJ • mm, siendo 0.01 una vulnerabilidad baja y 0.06 vulnerabilidad alta. Según los cálculos del nomograma de Wischmeier (1971), las series de suelo de Alto Ponaza presentan valores de Factor K que oscilan entre 0.01 y 0.045 t • ha • h / ha • MJ • mm. Para determinar el valor del Factor K para las asociaciones de dos suelos, se calcula un valor promedio de los dos suelos. Los valores promedio varían entre 0.01 y 0.04 t • ha • h / ha • MJ • mm.

3.4 COBERTURA VEGETAL

El Factor C de USLE puede variar entre cero y uno, donde cero indica que la cobertura vegetal no permite la erosión en ningún caso, y 1 que la cobertura no ofrece ninguna resistencia a la erosión. En la práctica, el Factor C solo presenta valores iguales a cero en cuerpos de agua o en áreas cubiertas con asfalto, cemento o roca, y valores igual a 1 en suelos arados y descubiertos.

Se asignaron valores del Factor C comprendidos entre 0.001 para bosque primario y 0.025 para pasto (degradado) y cultivos en limpio en asociación con purma baja. Según datos de 2010, el 60% de la cuenca se encuentra cubierta por bosque, el 20% por cultivos permanentes con bosque secundario, y aproximadamente el 20% restante por una cobertura mixta formada por pasto o cultivos y purma baja (incluye suelos descubiertos). Esto significa que el 80% de la cuenca presenta una elevada protección frente a la erosión gracias a la cobertura vegetal, y que en el 20% restante existe un nivel moderado de protección.

Según Labrière et al (2015), la erosión en los trópicos se concentra en periodos de tiempo cortos durante los cuales el suelo queda descubierto. En Alto Ponaza, la erosión ocurre durante el periodo de preparación del terreno para la siembra de cultivos anuales o permanentes y durante los meses posteriores a la preparación, antes de que las plantas cultivadas cubran el suelo.

9. VALORES DE COBERTURA (FACTOR C)

Cobertura	Área (% de la cuenca)	Factor C aplicado	Rango Factor C en literatura	Fuentes
Bosque	59.74%	0,001	0,0001 – 0,001	FAO Costa Rica (1989) y Cox (1998)
Purma alta con cultivos permanentes	19.85%	0,01	0,001 – 0,035	Labrière et al (2015 – Trópicos húmedos) , RUSLE Program (Hoyos, 2005 – Puerto Rico)
Purma baja con cultivos anuales	8.07%	0,025	0,012 – 0,062	FAO (1989 – Costa Rica) y USDA (2013 - EEUU)
Pasto	8.49%	0,025	0,013 – 0,04	ICE (1999), Marchamalo (2004, 2007) Saborío (2002), Gómez (2002) y CATIE (2003) – citado por Lianas et al., (2009 -Costa Rica)
Suelos descubiertos	3.63%	0,343 (0.025 a largo plazo)	0,1 – 0,55	Panagos et al. (2005 - Europa)
Cuerpos de agua / áreas urbanas	0.31%	0	0	-

3.5 ESTIMACIÓN DE LA EROSIÓN ACTUAL

La aplicación del modelo USLE indica que la tasa de erosión actual en la cuenca de Alto Ponaza varía entre 0 y 5 T ha-1 año-1 (sin erosión) hasta más que 200 T ha-1 año-1 (erosión extremadamente severa). Las tasas más elevadas de erosión se encuentran en terrenos con fuerte pendientes de gran longitud, así como en zonas con coberturas vegetales con menor capacidad para proteger el suelo de la erosión.

La erosión es baja en la mayor parte de la cuenca gracias a la presencia de bosque primario (ver Figura 15). En las áreas cubiertas por bosque primario (60%), el 95% de la superficie presenta una tasa de erosión inferior a 5 T ha-1 año-1. En las áreas deforestadas por usos agrícolas, incluyendo las zonas de bosque secundario, el 43% de la superficie presenta erosión moderada, un 33% muestra erosión severa, muy severa o extremadamente severa, y solo un 25% presenta tasas de erosión compatibles con un régimen de producción sustentable (Figura 10).

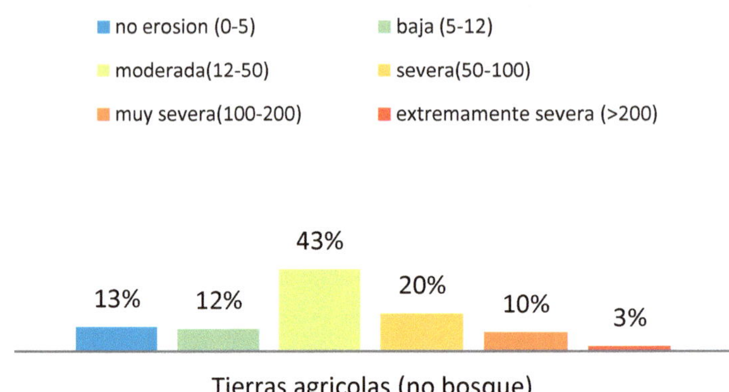

Ciertos niveles de pérdida de suelo son aceptables si son inferiores a la tasa de formación del suelo. Aunque los valores aceptables de erosión varían mucho por región, y no se encuentran definidos para la Amazonia peruana (Rodríguez Achung, 1995), se considera que la tasa de formación máxima de suelos en los trópicos es de 15 toneladas por hectárea por año (Lombardi Neto y Bertoni 1975). Los suelos con pérdidas superiores a 15 T ha-1 año-1 se encuentran claramente en proceso de degradación. Una erosión moderada de hasta 50 T ha-1 año-1 implica una degradación lenta del terreno. Los suelos con erosión severa, o superior 50 T ha-1 año-1, experimentan procesos de degradación rápidos e indican un uso no sustentable del terreno.

Entre las coberturas vegetales no categorizadas como bosque primario, los pastos y cultivos en limpio en asociación con purma baja presentan la mayor cantidad de superficie con elevada tasa de erosión. Por otro lado, en las formaciones mixtas de cultivos permanentes y bosque secundario la tasa de erosión es en general moderada o baja, lo que refleja la mayor capacidad de estas cubiertas para proteger el suelo (Figura 11).

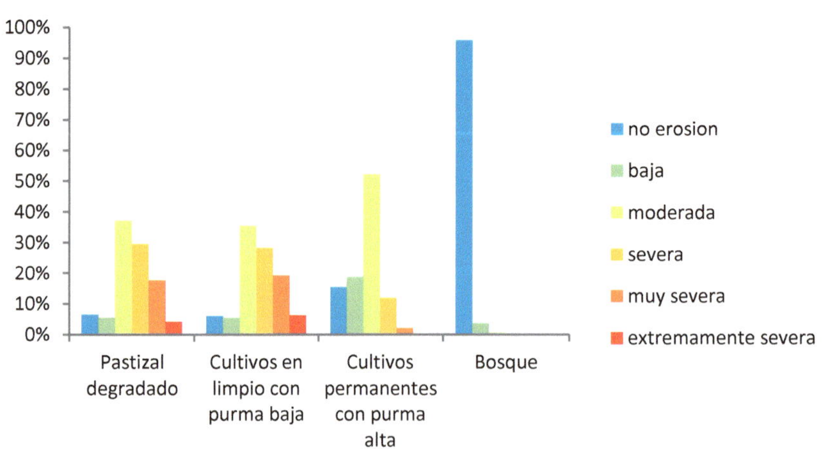

El producto de Factores LS•R•K indica la vulnerabilidad a la erosión debida a factores edafoclimáticos. Este producto de factores no considera el efecto protector de la cobertura vegetal. Dado que la cobertura vegetal es en muchos casos el único factor que es factible modificar, los mapas de LSRK ayudan a planificar el uso del terreno para evitar su degradación.

Para interpretar los valores de vulnerabilidad a erosión (LSRK) consideramos la pérdida de suelo potencial suponiendo diferentes escenarios de uso futuro. Para la categoría de vulnerabilidad más baja, de cero a 100 LSRK, no se produciría erosión ni siquiera cuando la cobertura vegetal consiste en cultivos anuales. La clasificación de vulnerabilidad más alta, superior a 5000 LSRK, indicaría erosión alta bajo cualquier uso distinto al de bosque (ver Tabla 12).

12. CLASIFICACIÓN DE VULNERABILIDAD DE EROSIÓN DEBAJO DE USO FUTURO (LSRK)

Clasificación	Valor LSRK	Descripción
No vulnerable	0 - 100	**No erosión** con cultivos anuales (sin arar)
Vulnerabilidad baja	0 - 400	**Erosión baja/moderada** con cultivos anuales (sin arar); **Erosión baja** con café en sistema agroforestal, baja erosión con cultivos en limpio con prácticas de conservación de suelo
Vulnerabilidad moderada	400 - 1200	**Erosión moderada/alta** con cultivos anuales (sin arar); **Erosión moderada** con cultivos permanentes en plantación; **Erosión baja** con cultivos permanentes en asociación con bosque y bosque secundario
Vulnerabilidad alta	1200 – 5000	**Erosión moderada** con cultivos permanentes en asociación con bosque y bosque secundario
Vulnerabilidad extrema	> 5000	**Erosión severa** con cualquier uso que no es bosque o producción forestal con prácticas de conservación de suelo

Según la clasificación de vulnerabilidad aquí mostrada, aproximadamente la mitad de la cuenca presenta vulnerabilidad alta. Los resultados indican que las tasas de erosión serían moderadas incluso en zonas cubiertas con vegetación capaz de restringir la erosión de forma eficaz, como por ejemplo zonas con cubiertas mixtas de cultivos permanentes y bosque secundario. Asimismo, aproximadamente un 25% de la cuenca presenta vulnerabilidad extrema, y el 25% restante muestra niveles de vulnerabilidad moderada, baja o no vulnerable (Figura 13). Es importante destacar que el Factor LS usado para crear el mapa de vulnerabilidad no incorpora la infiltración en bosques. Si al futuro bosque será protegida pendiente arriba de una parcela la vulnerabilidad para esta parcela será menor de lo que muestra el mapa de vulnerabilidad, ver 3.2 ESCORRENTÍA (GRADO DE PENDIENTE Y ÁREA DE CONTRIBUCIÓN).

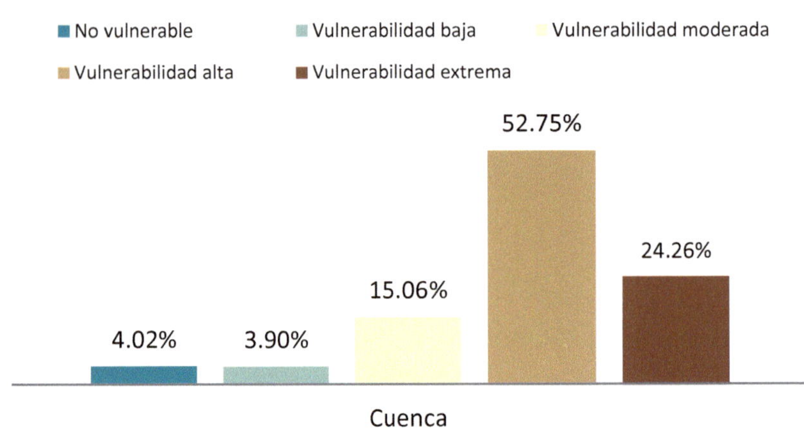

La vulnerabilidad a la erosión presenta un patrón espacial heterogéneo debido a la variabilidad de topografía, como puede comprobarse en el conjunto de valores obtenidos para el Factor LS en las distintas zonas de la cuenca de Alto Ponaza. El mapa de vulnerabilidad muestra estas diferencias dentro de los polígonos de clasificación de Capacidad de Uso Mayor (CUM).

Las clasificaciones confirman que los suelos identificados de protección (X) y producción forestal (F3) tienen mayor superficie bajo la categoría de vulnerabilidad extrema que suelos con cultivos permanentes (C2, C3). Concretamente, entre un 24-34% de la superficie localizada en zonas de protección y producción forestal estaría expuesta a una vulnerabilidad extrema frente a la erosión, mientras que solo un 10-11% de las zonas de cultivos permanentes se situarían dentro de esta categoría (Figura 14).

Aunque la precisión en la clasificación de la vulnerabilidad es limitada debido a que el Factor LS no incorpora la infiltración en bosques y a que la clasificación de valores LSRK es sensible a los valores de cobertura (Factor C), el mapa muestra claramente áreas de mayor y menor vulnerabilidad dentro de los polígonos de capacidad de uso mayor (ver Figura 16).

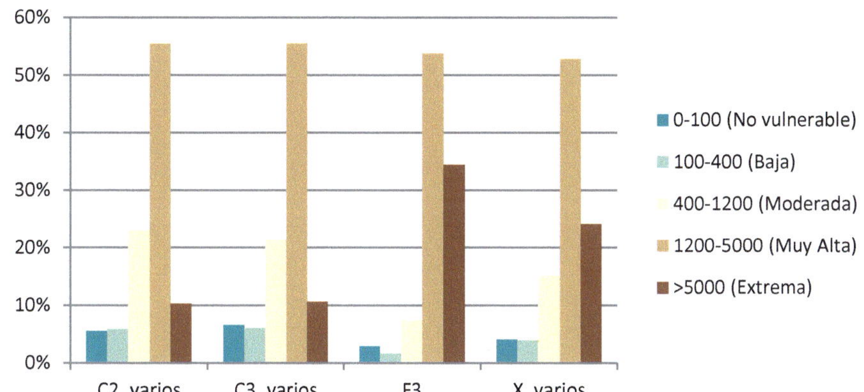

60%
50%
40%
30%
20%
10%
0%
C2_varios
C3_varios
F3
X_varios
0-100 (No vulnerable)
100-400 (Baja)
400-1200 (Moderada)
1200-5000 (Muy Alta)
>5000 (Extrema)

15. MAPAS RESULTANTES

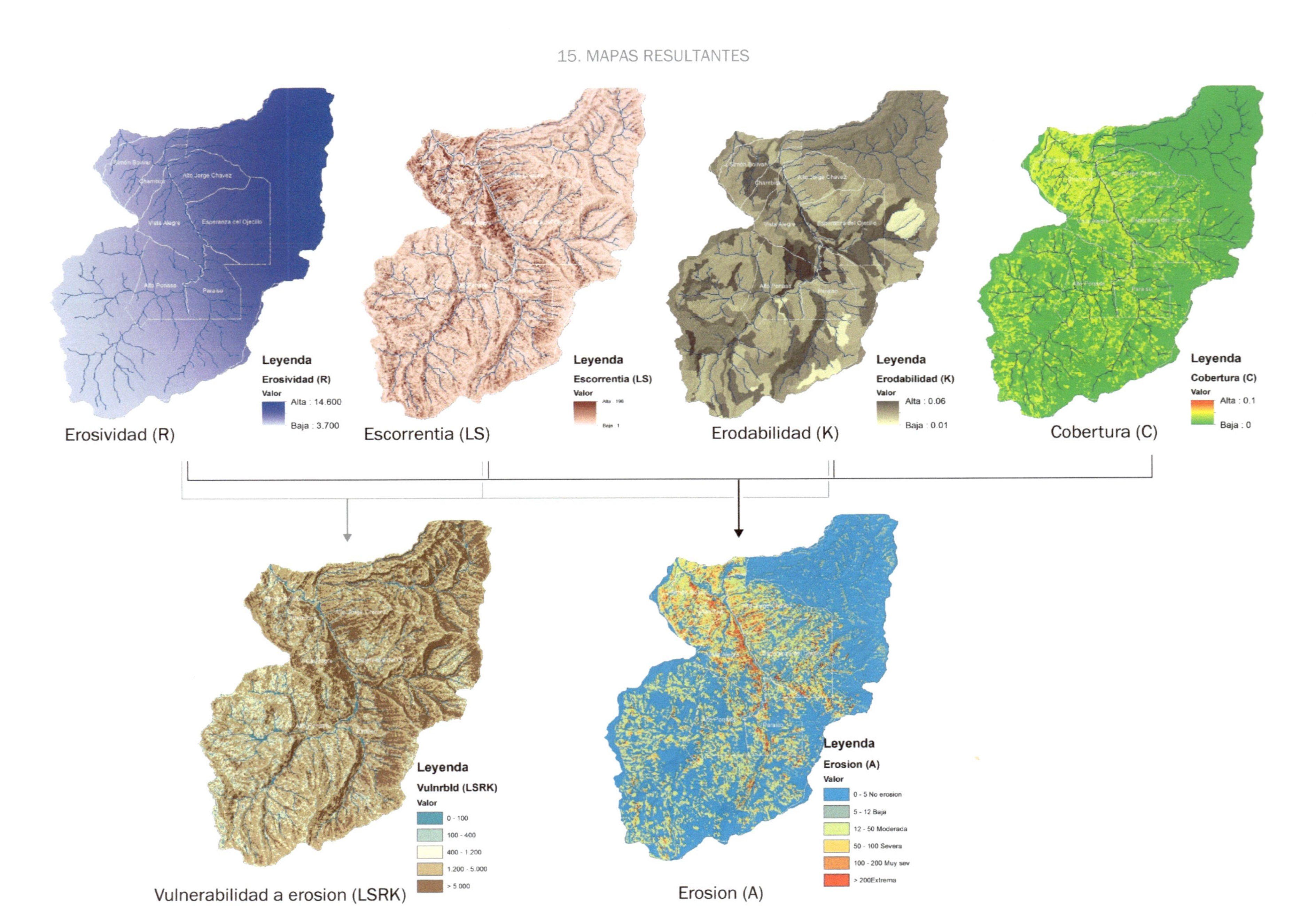

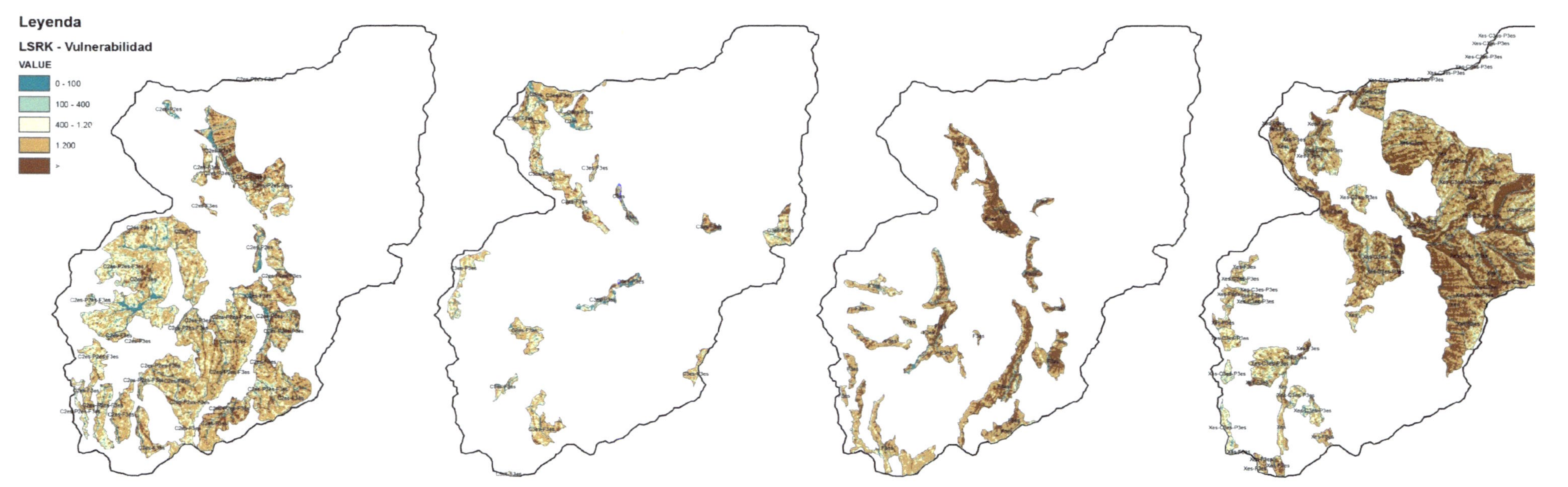

C2: Tierras aptas para cultivos permanentes de calidad agricola mediana

C2es - F3es: Tierra con capacidad para cultivos permanentes de calidad agricola media asociado con produccion forestal con calidad agricola baja

C2es - P2es: Tierra con capacidad para cultivos permanentes de calidad agricola media asociado con pastos con calidad agricola mediano

C2es - P2es - F3es: Tierra con capacidad para cultivos permanentes de calidad agricola media asociado con pastos con calidad agricola mediano y produccion forestal de calidad agricola baja

C2es - P3es: Tierra con capacidad para cultivos permanentes de calidad agricola media asociado con pastos con calidad agricola baja

C3: Tierras aptas para cultivos permanentes de calidad agricola baja

C3es: Tierra con capacidad para cultivos permanentes de calidad agricola baja

C3es - F3es: Tierra con capacidad para cultivos permanentes de calidad agricola baja asociado con produccion forestal de calidad agricola baja

C3es - P3es: Tierra con capacidad para cultivos permanentes de calidad agricola baja asociado con pastos de calidad agricola baja

F3: Tierras aptas para produccion forestal de calidad agricola baja

F3es: Tierra con capacidad para produccion forestal de calidad agricola baja

X: Tierras de proteccion

Xes: Tierra de proteccion por pendiente y suelo

Xes - C3es: Tierra de proteccion asociado con cultivos permanentes de calidad agricola baja

Xes - C3es - P3es: Tierra de proteccion asociad con cultivos permanentes y pastos de calidad agricola baja

Xes - F3es: Tierra de proteccion asociado con produccion forestal de calidad agricola baja

4. DISCUSIÓN

Tanto el mapa de erosión actual tanto como el de vulnerabilidad a la erosión subrayan las conclusiones del estudio de suelos y Capacidad de Uso Mayor. La capacidad de sostener actividades agropecuarias quedaría restringida en un gran parte de la cuenca debido a su vulnerabilidad a la erosión. El mapa de vulnerabilidad indica que un cuarto de las tierras presentan condiciones edafoclimáticas de extrema vulnerabilidad, y que por tanto han de ser clasificadas como tierras de protección; este hallazgo concuerda con el estudio de Capacidad de Uso Mayor, Levantamiento de Suelo del Sector Shamboyacu – San Martin (Escobedo Torres, 2012). Del mismo modo, los dos estudios muestran que la mayor oportunidad para la producción agropecuaria sustentable se da a través de cultivos permanentes, los cuales son capaces de proporcionar más protección frente a la erosión que los cultivos anuales y los pastos degradados.

El mapa de vulnerabilidad muestra igualmente que las zonas de vulnerabilidad alta, moderada y baja muchas veces se entremezclan en pequeños parches, esto es, que las condiciones edafoclimáticas pueden cambiar abruptamente en tan sólo cuarenta u ochenta metros. Cabe destacar que, en muchos casos, los parches de alta y baja vulnerabilidad forman un mosaico que se ajusta más a la escala de parcelas agropecuarias que la escala de los polígonos de Capacidad de Uso Mayor. El estudio de Capacidad de Uso Mayor también incluyó el concepto de mosaicos de distintos usos — diez de las trece clasificaciones tienen más de un uso dentro del mismo polígono de CUM. La mayor resolución ofrecida por el mapa de vulnerabilidad USLE ayuda a ubicar estas áreas dentro de aquellos polígonos en los que existe más de un uso.

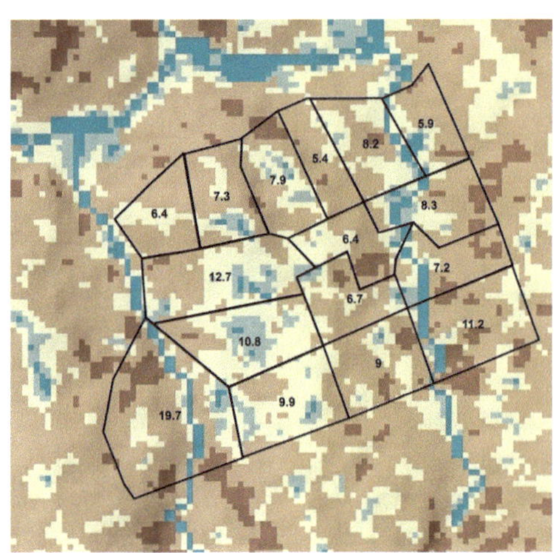

El mapa de vulnerabilidad a erosión por USLE muestra diferente niveles de vulnerabilidad dentro de predios agropecuarios de 5 a 20 ha.

En la cuenca de Alto Ponaza, al igual que ocurre en otras regiones del mundo, el suelo se encuentra en proceso de degradación debido a la existencia de usos que no se adecuan a las condiciones edafoclimáticas, así como a la existencia de prácticas agrícolas dañinas. Según el mapa de erosión actual (A), solamente el 10% del área dedicada a cultivos en limpio con purma baja y pastizales presenta un nivel de erosión aceptable. El 90% de estos usos se ubican en suelos de vulnerabilidad moderada, alta o extrema, y por consiguiente, el uso no es sustentable en el largo plazo. Para conservar el suelo, es necesario que estos usos se ubiquen en terrenos con vulnerabilidad baja o no vulnerables, o bien sean trasladados a terrenos de vulnerabilidad moderada donde se realicen prácticas destinadas a la conservación del suelo. En zonas de pastizal, la conservación incluiría minimizar la frecuencia de quemas y limitar la densidad de animales. En tierras con cultivos anuales y purma baja, las prácticas de conservación podrían consistir en la creación de parcelas e hileras en curvas de nivel, barreras vivas de vegetación, y en mantener la hojarasca del suelo mediante la reducción de quemas. Según el mapa de erosión actual, aproximadamente el 65% del área ocupada por formaciones mixtas de cultivos permanentes y bosque secundario también presenta niveles de erosión no sustentables en el largo plazo. Esto puede ser debido a que un elevado porcentaje de esta cobertura se localiza en laderas con pendientes pronunciadas. Para que los cultivos permanentes sean sustentables, estos deben ubicarse en tierras de vulnerabilidad baja o moderada, o en casos excepcionales, en terrenos que, aun presentando vulnerabilidad alta, contengan parches de bosque y sean zonas en las que se llevan a cabo prácticas para la conservación del suelo. En cultivos permanentes, las prácticas que permiten conservar el suelo incluyen cubrir el terreno con 'mulch' u hojarasca, la colocación de barreras vivas, y el uso de cultivos de cobertura temporal mientras las plantaciones se establecen.

4.2 IMPORTANCIA RELATIVA DE LOS FACTORES

De los cuatro factores USLE que determinan el nivel de erosión, el Factor LS (escorrentía) y el Factor C (cobertura) son los que mayor efecto tienen en la erosión de los suelos de la cuenca Alto Ponaza. Asimismo, se observa que el rango de variabilidad de estos factores es mayor que en los factores de erosividad (R) y erodabilidad de suelo (K). Según el análisis de regresión de los factores individuales, el Factor LS es responsable del 52% (R^2= 0,516) de la variabilidad en la tasa de erosión (A),mientras que y el Factor C explica el 40% (R^2= 0,397) de la misma. Los Factores R y K explican conjuntamente menos del 10% de la variabilidad en la tasa de erosión.

El mapa de vulnerabilidad a la erosión no considera la cobertura vegetal. El Factor LS explica el 78% de la variación de vulnerabilidad a la erosión en la cuenca. Esta fuerte relación entre el Factor LS y la vulnerabilidad a la erosión se hace evidente en el mapa de vulnerabilidad (LSRK).

4.3 ERRORES POTENCIALES

La ecuación USLE fue desarrollada para estimar con exactitud la erosión que tiene lugar en parcelas agrícolas. Cuando la ecuación se emplea para el estudio de un paisaje más complejo, pueden producirse errores en el cálculo de la erosión a escala de parcelas individuales. Adicionalmente, hay errores que se producen al emplear un modelo empírico para el estudio de un ámbito territorial del cual no existen datos suficientes; los errores derivados de la falta de datos pueden afectar no solo a los resultados obtenidos a escala de parcelas individuales, sino también a escala de cuenca.

Las parcelas agrícolas generalmente presentan un solo tipo de cobertura vegetal. No obstante, a escala de cuenca, las clasificaciones de usos de tierra/cobertura vegetal frecuentemente agrupan diferentes coberturas identificadas por imágenes satelitales. En el estudio de cobertura vegetal para el Distrito de Shamboyacu, las parcelas de cultivos anuales fueron agrupadas con parcelas de purma baja, y los cultivos permanentes fueron agrupados con purma alta (bosque secundario). Sin embargo, las coberturas vegetales agrupadas no siempre tienen el mismo Factor C, ofreciendo diferentes niveles de protección frente a la erosión. Con objeto de determinar el Factor C para cada agrupación específica, se calculó un promedio de Factor C en función de la proporción de cada cobertura. Este método aproxima la pérdida de suelo asociado a cada agrupación, pero ignora las diferencias en la tasa de erosión que se produce en las distintas parcelas dentro de la agrupación. Por ejemplo, en la agrupación "purma baja con cultivos anuales" cultivos anuales tienen una mayor tasa de erosión que parcelas con purma baja. Aunque no es preciso para parcelas individuales en corto tiempo, de agrupar cultivos anuales con purma baja aproxima la tasa de erosión de prácticas rotativas al largo plazo.

Otro posible error ocurre cuando calculamos los factores de USLE con una serie de datos de menor longitud que la especificada en la metodología de USLE, o cuando los datos no poseen la resolución mínima necesaria para determinar la potencial de erosión. Por ejemplo, en el cálculo de la erosividad de la lluvia no se tuvieron en cuenta eventos de precipitación erosiva de corto plazo, ya que el área de estudio no cuenta con datos de precipitación de intervalos de 30 minutos.

Finalmente, el mapa de vulnerabilidad a la erosión no considera la infiltración del agua de escurrimiento en parches boscosos, cuyo efecto sobre la cantidad de escorrentía generada en la cuenca es notable. Una comparación de seis mil muestras tomadas en distintos puntos de la cuenca, mostró que la escorrentía (Factor LS) fue en promedio un 74% más elevada cuando no se incorporó al análisis la infiltración en parches boscosos. Para minimizar este error en estudios futuros, se recomienda tener en cuenta la infiltración del agua de escurrimiento (en la generación del mapa de Factor LS en WATEM) en todas las áreas de bosque que tienen un nivel de protección comunal que asegura su presencia al futuro.

18. ERROR POTENCIAL EN LOS FACTORES USLE

Factor	Error		Área de impacto	Fuentes
Erosividad de precipitación (R)	+	4,000 o 10 - 100%	Parcela y cuenca	Exclusión de eventos erosivos de corto plazo (30 min). Estimación de error derive de la diferencia entre la ecuación de regresión de valores de Alto Ponaza versus 74 muestras de Brasil.
Escorrentía (LS)	+	74% promedio	Cuenca cerca parches de bosque	Comparación de los valores del Factor LS (Sin Bosque) con Factor LS (Bosque).
Erodabilidad de suelo (K)	+/-	0 – 17%	Parcela	Agrupación de dos series de suelo en cada asociación
Cobertura vegetal (C)	+/-	+ 50 a 160% - 50 a 90%	Parcela; parcela y cuenca	Agrupación de coberturas con diferentes valores de protección (Factor C) en la clasificación de cobertura vegetal; La estimación de error derive de la diferencia entre los varios valores de Factor C reportado por la literatura.

La aplicación de la ecuación universal de pérdida de suelo mediante SIG ofrece la oportunidad de interpretar CUM a la escala de predio de pequeño productor. Los mapas de vulnerabilidad a la erosión generados por USLE constituyen una herramienta útil para identificar áreas de mayor y menor riesgo dentro de los polígonos de CUM.

La aplicación del modelo USLE mediante SIG junto con los análisis de escorrentía por WATEM podría ser un método más exacto que CUM en la identificación de áreas vulnerables a escala de cuenca dado que 1) incorpora información sobre el flujo de agua en tres dimensiones, y no solo en la dirección que corresponde a la longitud de pendiente; 2) incorpora datos de lluvia recogidos por estaciones pluviométricas situadas en la cuenca o sus inmediaciones cercanas, en vez de utilizar un factor por mapas de zonas ecológicas; 3) determina la vulnerabilidad con una resolución de pixel de 0.04 hectáreas en vez de emplear polígonos de mayor tamaño. No obstante, la aplicación de USLE como herramienta de zonificación es aun limitada por la calidad de los datos pluviométricos, así como por la falta de datos específicos de la zona para calcular el Factor C de cobertura vegetal. Los Factores de cobertura específicos para la zona son clave para que las estimas de erosión reflejen las prácticas agrícolas de la zona, especialmente las aplicadas en pendientes pronunciadas.

La mejora de la capacidad de USLE para estimar pérdidas de suelo requiere más investigación de campo, y en especial la recogida de datos de cobertura vegetal para mejorar la calibración del modelo. Se recomienda el empleo de USLE en las siguientes aplicaciones: 1) identificación de áreas de mayor y menor vulnerabilidad dentro de polígonos de CUM {este estudio}; 2) Creación de zonificaciones preliminares cuando los recursos para completar las micro-zonificaciones no se encuentran disponibles y realización de diagnósticos de CUM; y 3) para la evaluación de diferentes escenarios de uso del terreno.

El proceso de Micro-ZEE requiere recursos sustantivos para extraer muestras de suelo y clasificar coberturas vegetales. Aprovechamos esta información para la aplicación de USLE en este estudio. No obstante, los resultados correspondientes al factor que más influye en la vulnerabilidad a la erosión en el área de estudio, la escorrentía (Factor LS), se obtuvieron mediante datos de alturas disponibles en la página web de USGS. En Alto Ponaza, el Factor LS es responsable del 78% por ciento de la variación en la vulnerabilidad a la erosión (LSRK) de la cuenca. Por ello, un mapa de escorrentía, generado a bajo costo, constituye una buena aproximación para conocer la vulnerabilidad a la erosión en áreas de montaña donde no es posible contar con recursos para la realización de estudios más detallados.

En este estudio utilizamos USLE para mapear la erosión actual a nivel de cuenca y para generar un mapa de vulnerabilidad sin conocer futuros usos. USLE también sirve para comparar diferentes escenarios de uso de tierra futuros, ya sea a escala de cuenca o a escala de un predio privado. La Figura 17 ilustra el proceso mediante el cual se analizan dos diseños de un predio agropecuario de diez hectáreas ubicado en un suelo con Capacidad de Uso Mayor para la producción forestal. Primeramente, el mapa de escorrentía (Factor LS) ayuda de identificar áreas con menor y mayor vulnerabilidad a la erosión. Esto sirve para desarrollar un 'plan de finca' que protege las áreas más vulnerables. A continuación se crean dos escenarios, uno mantiene parches de bosque en las áreas más vulnerables, y en el otro se plantea la deforestación de dichos parches. Al aplicar USLE para crear un mapa de vulnerabilidad (LSRK) bajo los dos escenarios, se observa que los bosques de protección no solamente reducen vulnerabilidad en los mismos pero también reducen vulnerabilidad en tierras más abajo. Después de planificar los usos en las parcelas de la finca, incluyendo prácticas de conservación del suelo, se realiza un análisis de erosión (A) para los dos escenarios. Los resultados (Figura 17) muestran una diferencia drástica entre la erosión que se produce bajo de un escenario con 'plan de finca' y prácticas de conservación de suelo, y bajo un escenario en el cual las parcelas se gestionan siguiendo las prácticas habituales de la zona.

5. CONCLUSIONES

La topografía, que influye directamente sobre la cantidad de escorrentía generada en la cuenca, es el factor de USLE que más influye sobre las tasas de erosión, y puede variar de manera drástica en distancias muy cortas, en ocasiones de tan solo cuarenta u ochenta metros. En este contexto, la selección de parcelas es sumamente importante para limitar la erosión. El estudio aquí presentado pone de manifiesto que los parches de bosque reducen de manera efectiva la escorrentía superficial, al favorecer una mayor infiltración de agua en el suelo. Las protección de los bosques aguas arriba de las parcelas agrícolas, así como en zonas con pendientes largas permite reducir la cantidad de escorrentía, y por tanto, juega un papel importante en evitar las pérdidas del suelo. La conservación de los fragmentos de bosque debe ser considerada tanto en planificación comunal como al nivel de predios privados.

El estudio también indica que la erosión en la cuenca es muy sensible al tipo de cobertura vegetal existente en el terreno, y que los rangos de protección ofrecidos por cada clase de cobertura pueden variar mucho dependiendo del contexto y de las practicas agronómicas empleadas en la zona. La investigación de Labrière et al. (2015) sobre las pérdidas de suelo en los trópicos concluyó que la erosión en esta región se concentra en los periodos de tiempo cortos durante los cuales el suelo esta descubierto. Las prácticas que reducen la frecuencia en que el suelo esta descubierto, o las que protegen el suelo durante el periodo de tiempo en que el suelo está descubierto, pueden reducir la erosión drásticamente. Según Labrière et al., las prácticas de conservación pueden evitar la pérdida de suelo en el largo plazo hasta en un 99%.

La aplicación de USLE con WADEM mediante GIS supone una manera económica de identificar y mapear la variedad de condiciones edafoclimáticas existentes en los polígonos de Capacidad de Uso Mayor de la escala de Micro-Zonificación Ecológica-Económica. En este sentido, la aplicación de USLE permite franquear una de las barreras que ha dificultado hasta la fecha la implementación de la zonificación rural en las pequeñas comunidades agrícolas de la selva peruana.

17. ILUSTRACIÓN DEL PROCESO DE ZONIFICAR Y MODELAR ESCENARIOS DE USO AL NIVEL DE PREDIO PEQUEÑO

(ILUSTRADO CON RHINO3D Y PHOTOSHOP DESPUES DE ANALISIS EN SIG)

ANALISIS

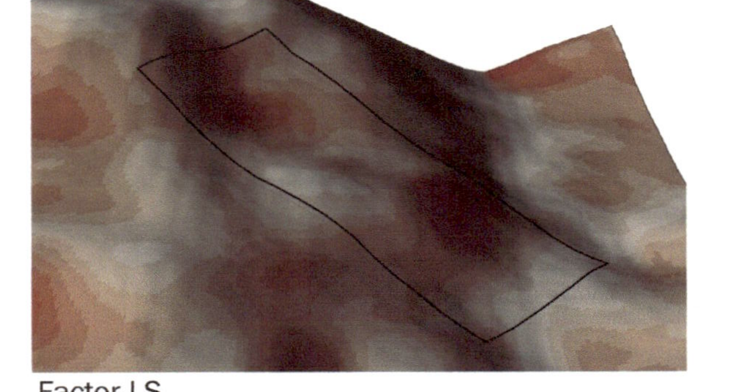

Capacidad de Uso Mayor

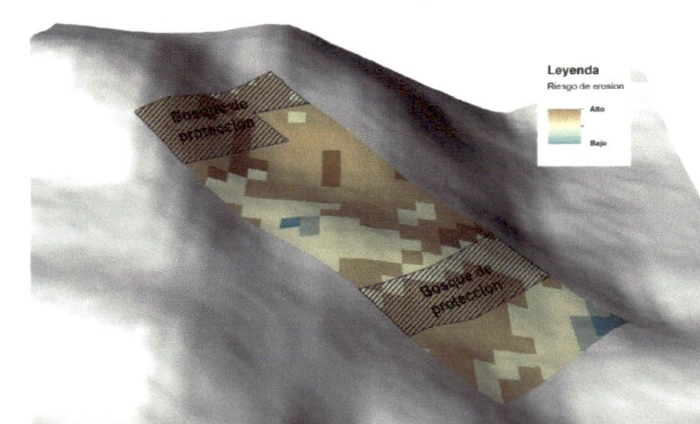

Factor LS

ESCENARIOS

Vulnerabilidad (LSRK) sin bosque

Vulnerabilidad (LSRK) con parches de bosque

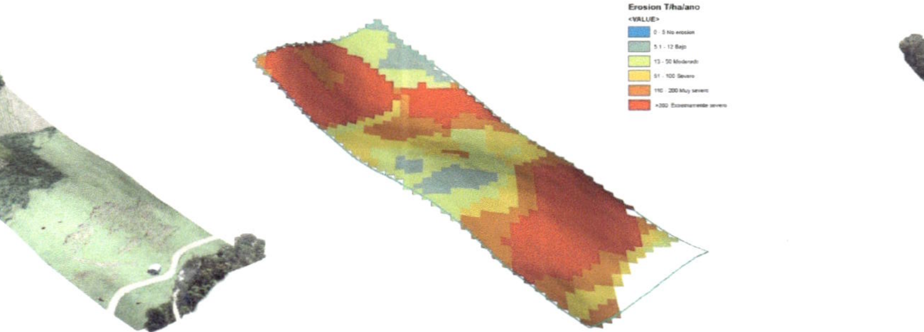

Ejemplo de diseño sin zonificacion

Estimacion de erosion por USLE

Ejemplo de diseño con zonificacion

Estimacion de erosion por USLE

APÉNDICE A:
ANALISIS DEL ESCURRIMIENTO MEDIANTE *WATEM*

Análisis de escurrimiento por WATEM

Referencia, ver manual_WATEM.pdf

Programa se baja aquí: http://www.kuleuven.be/geography/frg/modelling/erosion/watemsedemhome/

Seleccionar el tipo de análisis: LS (escorrentía- pendiente x área contribuyente)

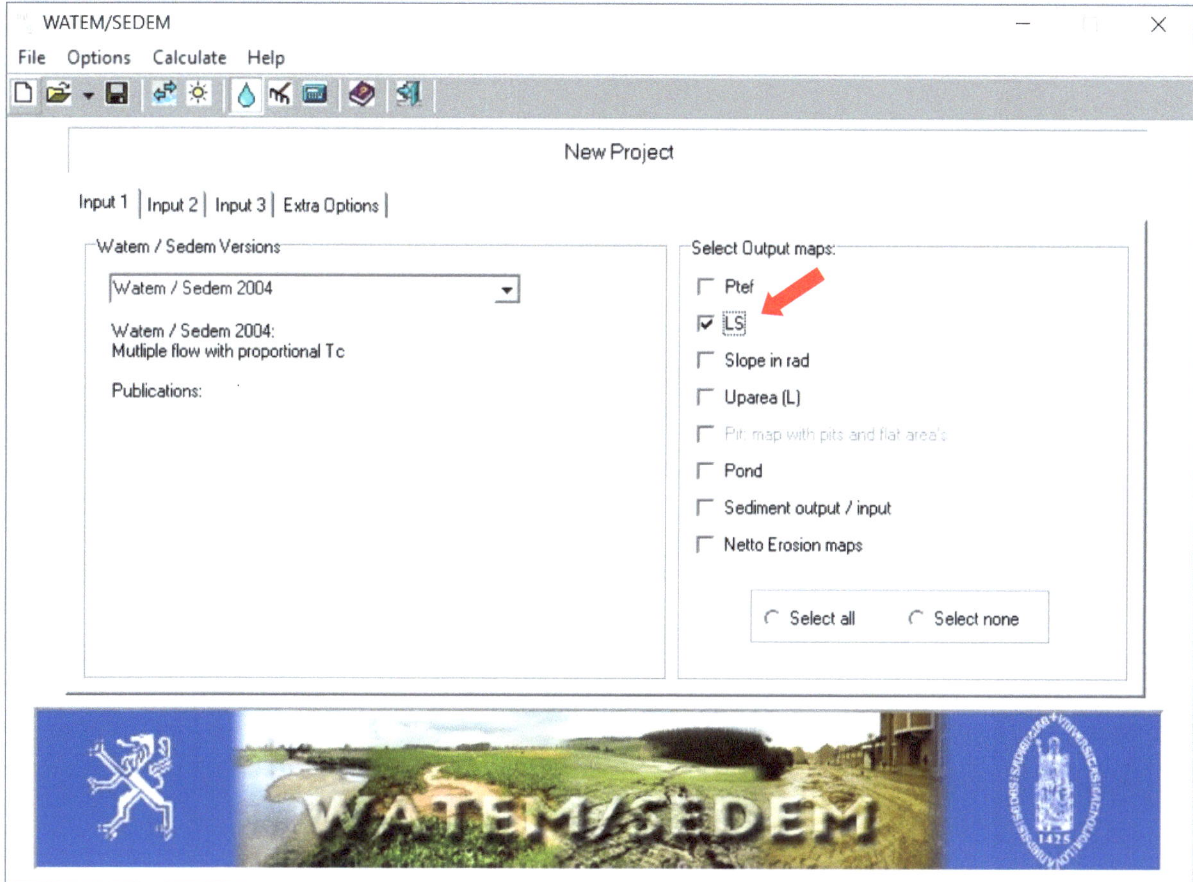

Seleccionar mapa de alturas y mapa de bosque / limite:

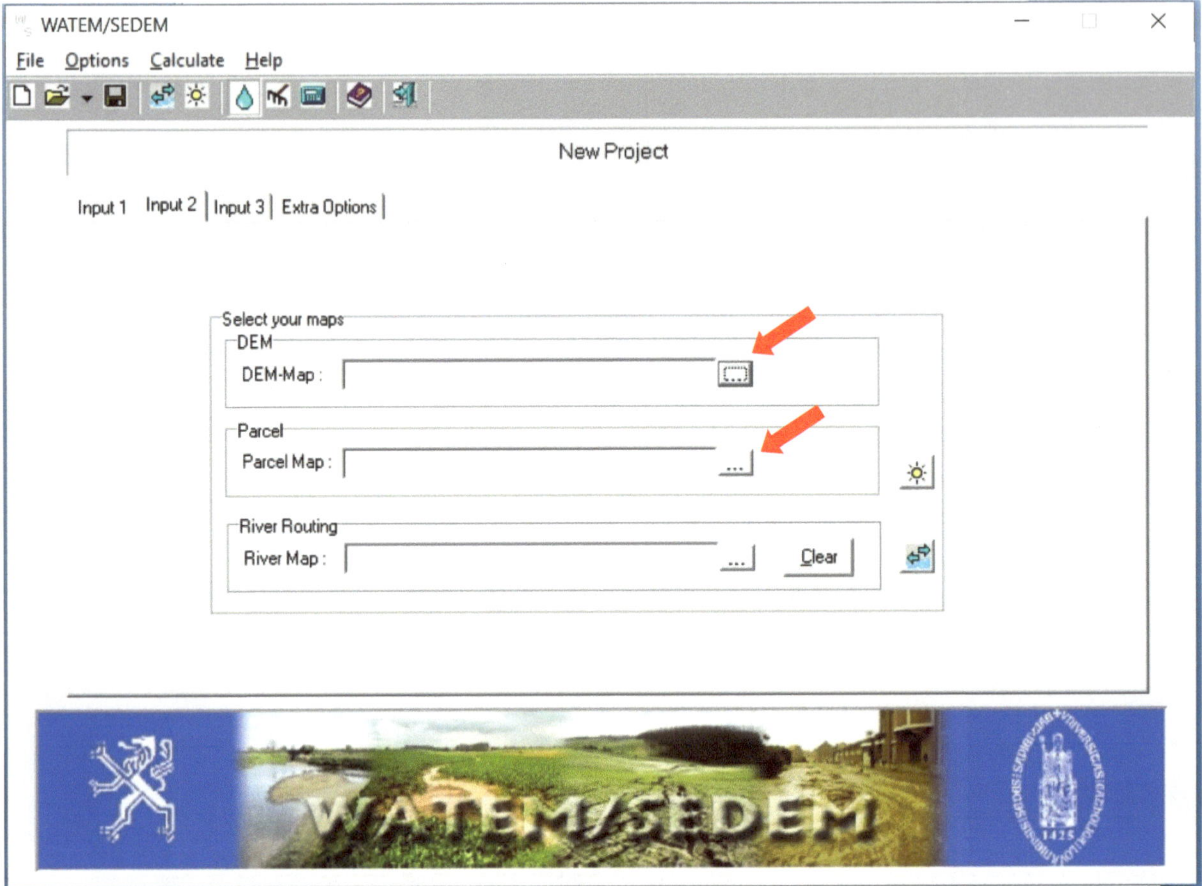

Formato de los mapas (muy importante):

- Formato de Idrisi32 (usar QGIS para convertir tiff a Idrisi32),
- Pixeles de 20m por 20m,
- El área debe ser el mismo y los pixeles deben coincidir (usar 'Snap Raster' cuando se convierte el polígono a raster – seleccionar el DEM),
- El DEM debe tener datos 'real' o 'floating',
- El mapa de bosque y limites debe tener datos de números enteros 'intiger'.

Preparar el 'Parcel Map':

- Crear un feature con limite que es más grande que la cuenca y el mismo tamaño de el DEM (se puede clip el DEM), con un shape que es afuera de la cuenca, parches de bosque al dentro de la cuenca, área de la cuenca que no tiene bosque, y los ríos y quebradas. *Encontré que los ríos 'streams' generado por el proceso de delinear la cuenca eran más exacto que hidrografía nacional y usé los generados con el DEM para el 'parcel map'.
- Crear un 'Field' de 'Short Integer' y dar valores de WADEM para las coberturas, 0=afuera de la cuenca, -1= Rio o quebrada, 1= parcela agrícola (no bosque), 10000= bosque. (no importa si agrupa las distintas parcelas, ej. cultivos en limpio y cultivos permanentes, este mapa es solamente para el Factor LS. el modelo incorpora mayor infiltración en bosque , pero no acepta muchas distintas clases de coberturas)
- Convertir el shape de raster con pixeles de 20m por 20m, *Usar 'Snap Raster' para que los pixeles coincidan con lo del DEM
- Usar QGis para convertir el Tiff a IDRISI
- Guardar con cualquier nombre

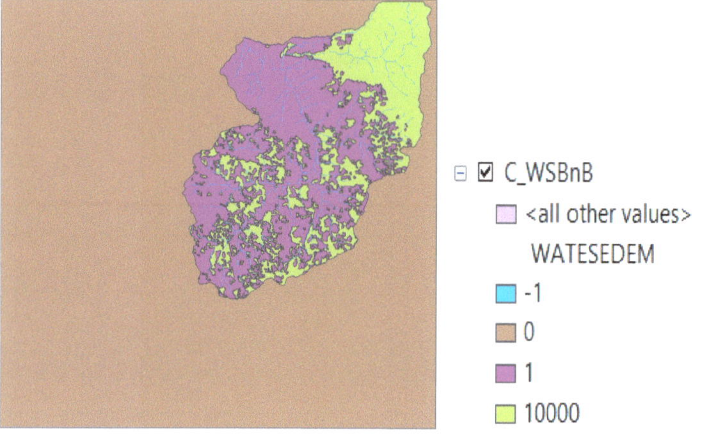

Usar 'snap' para crear el mapa de bosque con pixeles que coinciden con el DEM:

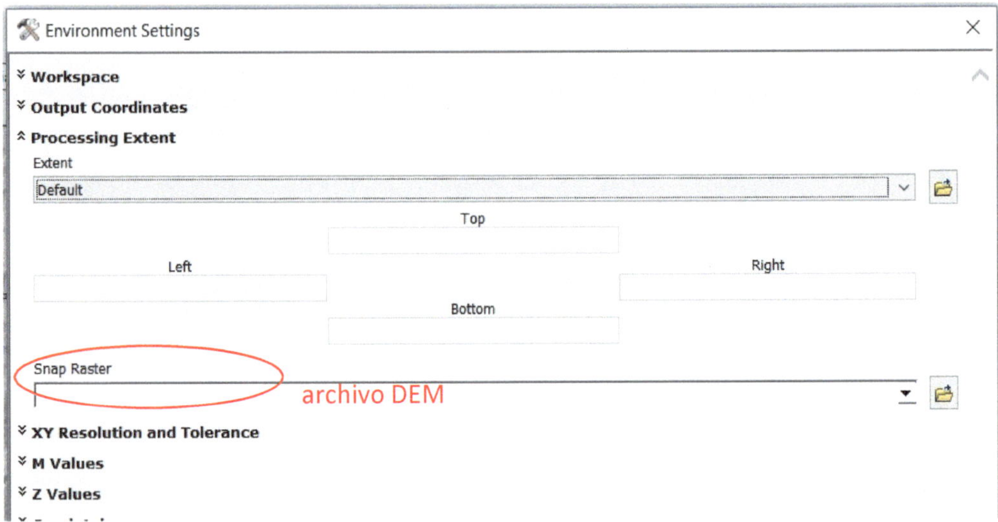

Convertir tiff a Idrisi en QGIS:

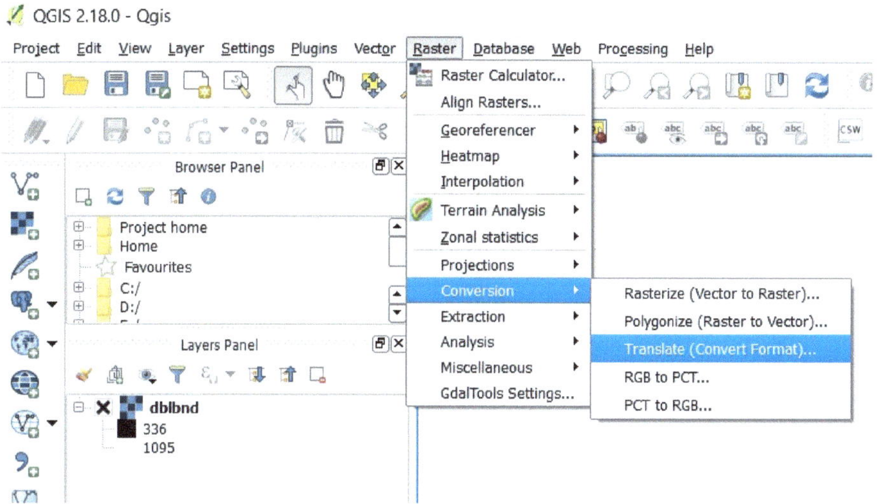

Opciones de algoritmos: seleccionar Nearing (1997) y Wischmeier Smith (1978) cuando trabajando con pendientes encima de 25%

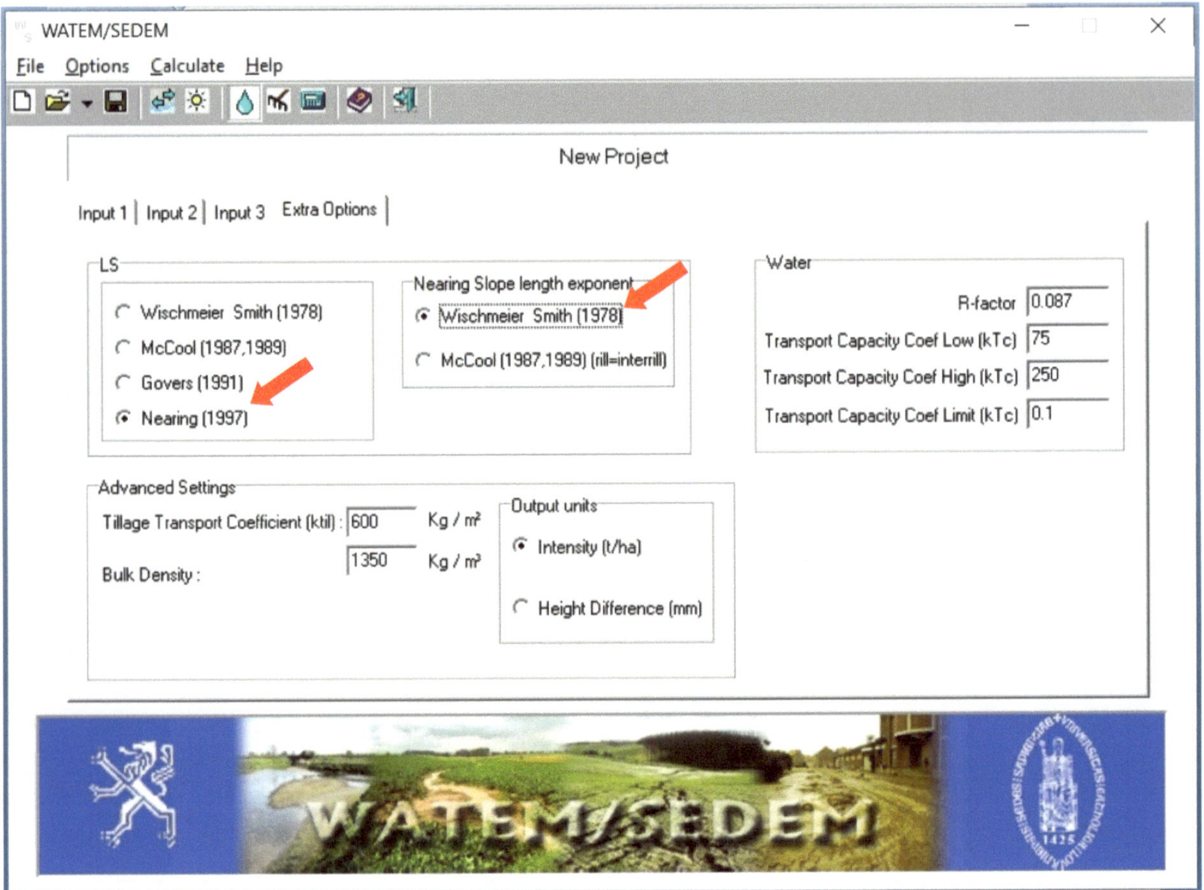

Guardar archive: los resultados va a ser guardado en la misma carpeta

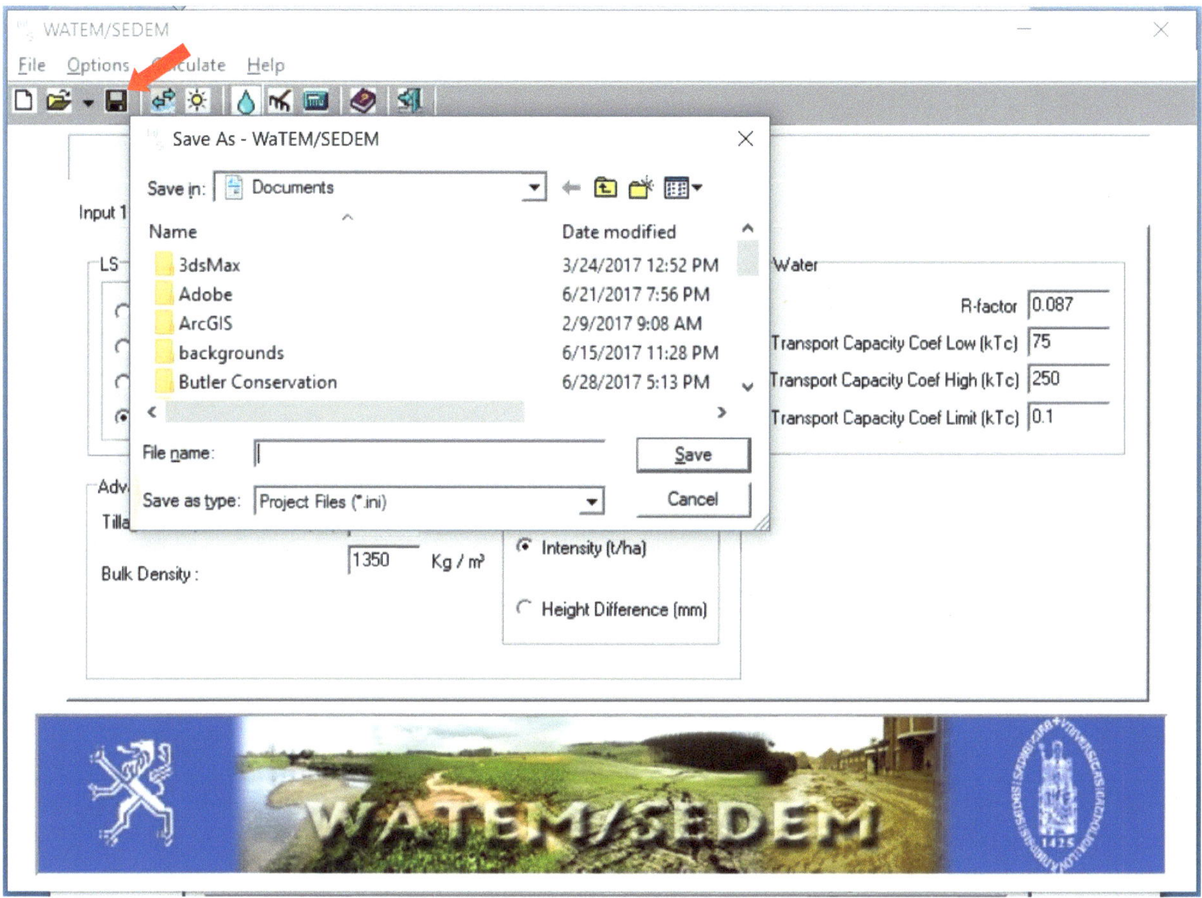

Ejecutar el análisis:

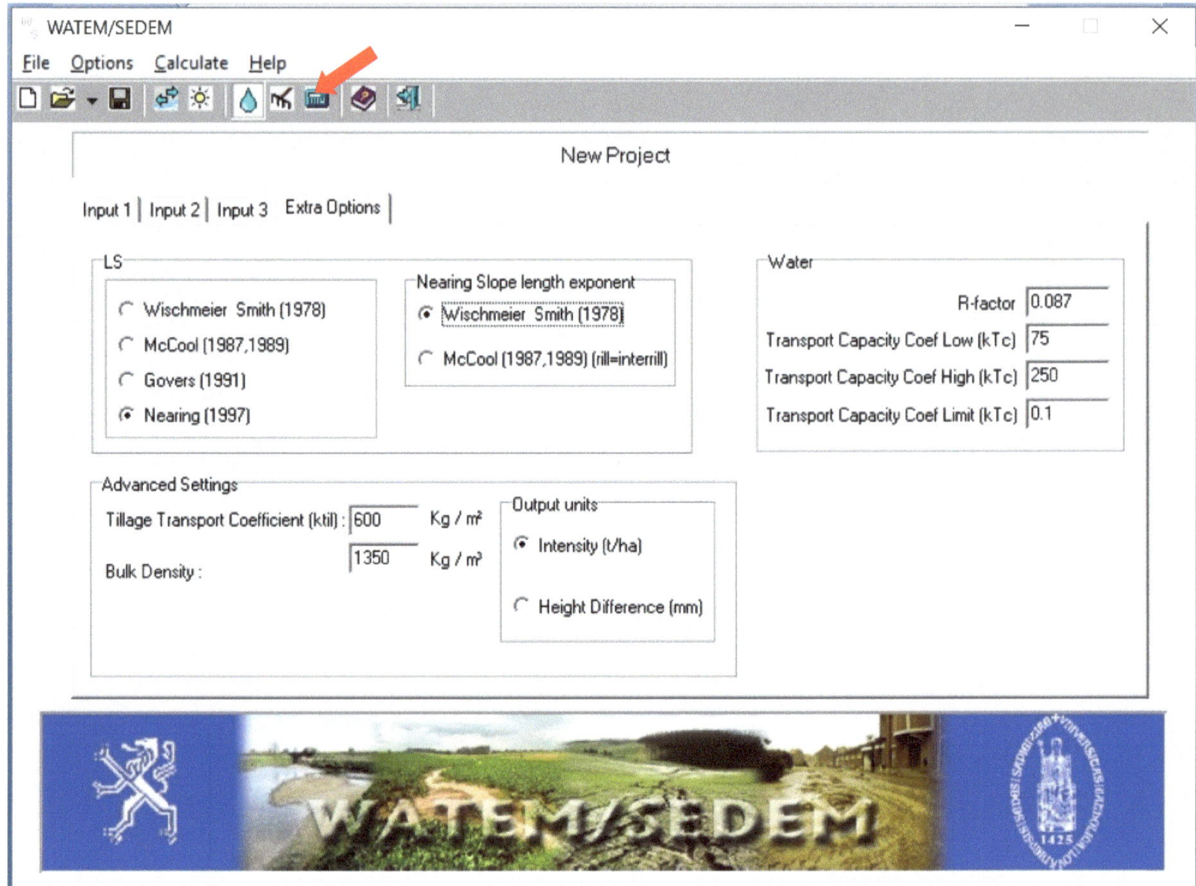

El archivo de Factor LS, se guarda en la carpeta donde guardaste el archivo de WADEM.

El archivo Factor LS es en IDRISI, se puede convertir a Tiff después de abrir en ArcMap

APÉNDICE B:
MAPA DE CAPACIDAD DE USO MAYOR DE LA *MICRO-ZONIFICACIÓN ECOLÓGICA ECONÓMICA DE 9 CENTROS POBLADOS DEL DISTRITO DE SHAMBOYACU*

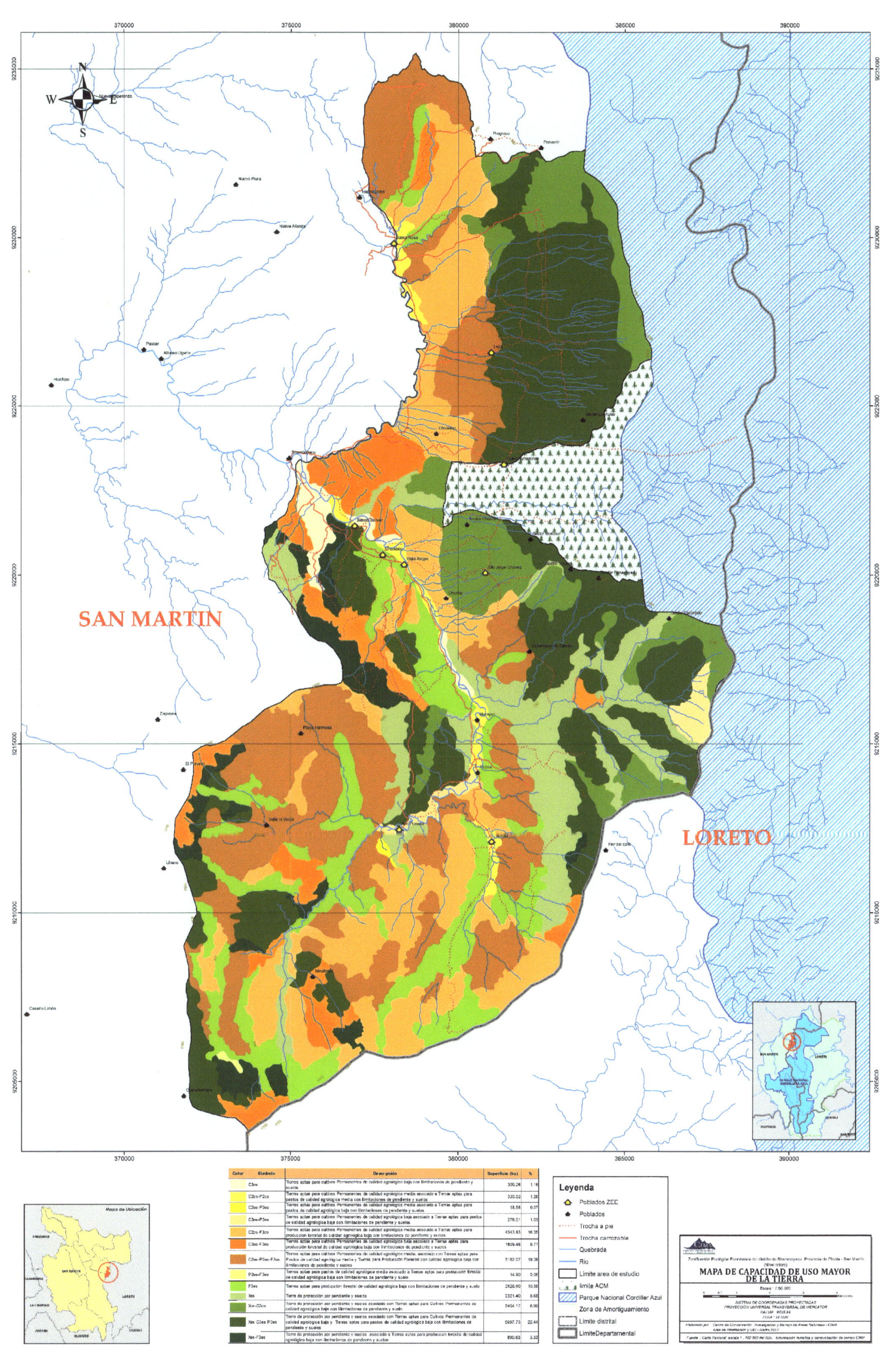

Color	Símbolo	Descripción	Superficie (ha)	%
	C3es	Tierras aptas para cultivos Permanentes de calidad agrológica baja con limitaciones de pendiente y suelos	309.26	1.16
	C2es-P2es	Tierras aptas para cultivos Permanentes de calidad agrológica media asociado a Tierras aptas para pastos de calidad agrológica media con limitaciones de pendiente y suelos	335.52	1.25
	C2es-P3es	Tierras aptas para cultivos Permanentes de calidad agrológica media asociado a Tierras aptas para pastos de calidad agrológica baja con limitaciones de pendiente y suelos	18.58	0.07
	C3es-P3es	Tierras aptas para cultivos Permanentes de calidad agrológica baja asociado a Tierras aptas para pastos de calidad agrológica baja con limitaciones de pendiente y suelos	276.01	1.03
	C2es-F3es	Tierras aptas para cultivos Permanentes de calidad agrológica media asociado a Tierras aptas para producción forestal de calidad agrológica baja con limitaciones de pendiente y suelos	4343.83	16.25
	C3es-F3es	Tierras aptas para cultivos Permanentes de calidad agrológica baja asociado a Tierras aptas para producción forestal de calidad agrológica baja con limitaciones de pendiente y suelos	1809.48	6.77
	C2es-P2es-F3es	Tierras aptas para cultivos Permanentes de calidad agrológica media, asociado con Tierras aptas para Pastos de calidad agrológica media y Tierras para Producción Forestal con calidad agrológica baja con limitaciones de pendiente y suelos	5182.07	19.39
	P2es-F3es	Tierras aptas para pastos de calidad agrológica media asociado a Tierras aptas para producción forestal de calidad agrológica baja con limitaciones de pendiente y suelo	14.90	0.06
	F3es	Tierras aptas para producción forestal de calidad agrológica baja con limitaciones de pendiente y suelo	2828.60	10.58
	Xes	Tierra de protección por pendiente y suelos	2321.40	8.68
	Xes-C3es	Tierra de protección por pendiente y suelos asociado con Tierras aptas para Cultivos Permanentes de calidad agrológica baja con limitaciones de pendiente y suelo	2404.17	8.99
	Xes-C3es-P3es	Tierra de protección por pendiente y suelos asociado con Tierras aptas para Cultivos Permanentes de calidad agrológica baja y Tierras aptas para pastos de calidad agrológica baja con limitaciones de pendiente y suelos	5697.73	22.44
	Xes-F3es	Tierra de protección por pendiente y suelos asociado a Tierras aptas para producción forestal de calidad agrológica baja con limitaciones de pendiente y suelos	890.63	3.33

6. BIBLIOGRAFÍA

Cortez Farfán, A (2011). Aplicación de Reglamento de Clasificación de Tierra por su Capacidad de Uso Mayor. Presentación: III Seminario Regional de Tasaciones, 23 y 24 de Julio de 2011, Colegio de Arquitectos del Perú – Regional Junín. <http://www3.vivienda.gob.pe/dnc/archivos/difusion/eventos/2011/huancayo/CLASIFICACION%20TIERRAS%20CAPACIDAD%20DE%20USO%20MAYOR.pdf>

Cox C, Madramoto C (1998). Application of geographic information systems in watershed management planning in St. Lucia. Computers and Electronics in Agriculture 20 (1998) 229–250.

Dourjeanni MR (sin fecha). Aprovechamiento del barbecho forestal en áreas de agricultura migratorio en la Amazonia peruana. Revista Forestal del Perú v.14(2): 1-33.

Escobedo Torres, R. (2012) Levantamiento de Suelo del Sector Shamboyacu, San Martin: Clasificación de las Tierras por Capacidad de Uso Mayor, Zonificación Ecológica Económica de la Zona de Amortiguamiento del Parque Nacional Cordillera Azul.

FAO (1989). Evaluación de los estados de erosión hídrica de los suelos y delimitación de áreas críticas por pérdida del horizonte A en la cuenca del Río Reventazón. Gobierno de Costa Rica. Informe Técnico No. 1-E. Roma: FAO. 133 p. Citado por Lianas.

Hamer WI (1981). Second soil conservation Consultant Report, FAO/INS/78/006, Techn. Note no. 10, Soil Research Institute, Bogor, 1981. Citado por Vis 1987.

Hoffmann Oliveira A, Aparecida da Silva M, Naves Silva MN, Curi N, Klinke Neto G y DA França de Freitas (2013). Chapter 4: Development of Topographic Factor Modeling for Application in Soil Erosion Models. InTech. < http://dx.doi.org/10.5772/54439>

Helfgott S, Vargas S, Gutiérrez AC y M Salvatore. (2012) Capitulo 3: Aptitud de tierras y oportunidades para el desarrollo rural en Perú. Bioenergia y Seguridad Alimentaria.

Holland TG, Coomes OT y BE Robinson (2016). Evolving frontier land markets and the opportunity cost of sparing forests in western Amazonia. Land Use Policy 58, 456-471.

Hoyos N (2005) Spatial modeling of soil erosion potential in a tropical watershed of the Colombian Andes. Catena 63 (2005) 85–108.

Hoyos N, Waylen PR y A Jaramillo (2005b). Seasonal and spatial patterns of erosivity in a tropical watershed of the Colombian Andes. Journal of Hydrology 314 (2005) 177–191.

Labrière N, Locatelli B, Laumonier Y, Freycon V y M Benoux (2015). Soil erosion in the humid tropics: A systematic quantitative review. Agriculture, Ecosystems and Environment 203 (2015) 127–139.

Lianes E, Marchamalo M y M Roldán (2009) Evaluación del factor c de la rusle para el manejo de coberturas vegetales en el control de la erosión en la cuenca del Río Birrís, Costa Rica. Agronomía Costarricense 33(2): 217-235.

Lo, A., El-Swaify, S.A., Dangler, E.W. and Shinshiro, L., 1985. Effectiveness of EI30 as an erosivity index in Hawaii. In: S.A. E1-Swaify, W.C. Moldenhauer and A. Lo (Editors), Soil Erosion and Conservation. Soil Conservation Society of America, Ankeny, pp. 384 392.

Lombardi Neto F y J Bertoni (1975). Tolerancia de perdas de terra para solos do Estado de Sao Paulo. Bol. Tec. Inst. Agron. 28: 1-12 en Soil Erosion by Water in the Tropics. El-Swaify SA, Dangler EW y CL Armstong. Research Extension Series 024, December 1982. <http://pdf.usaid.gov/pdf_docs/Pnaar134.pdf>

MicroZEE (2012). Micro Zonificación Ecológica Económica de ocho Centros Poblados y una Comunidad Nativa del Distrito de Shamboyacu, Provincia de Picota, Departamento de San Martín. Municipalidad Distrital de Shamboyacu.

Millennium Ecosystem Assessment, 2005. Ecosystems and Human Well-Being: Synthesis. Island Press, Washington, DC.

Oduro-Afriyie, K., 1996. Rainfall erosivity map for Ghana. Geoderma 74, 161 – 166.

Oliveira, P.T.S., Alves, Sobrinho T., Rodrigues, D.B.B., Panachuki, E., 2011a. Erosion risk mapping applied to environmental zoning. Water Resources Management 25, 1021–1036. http://dx.doi.org/10.1007/s11269-010-9739-0; Citado por Oliveira, Wendland y Nearing (2012).

Oliveira PTS, Wendland E, y MA Nearing (2012). Rainfall erosivity in Brazil: A review. Catena 100 (2012) 139–147.

Panagos P, Borrelli P, Meusburger K, Alewell C, Lugato E, L Montanarella (2015). Estimating the soil erosion cover-management factor at the European scale. Land Use Policy 48 (2015) 38–50.

Renard KG, Freimund JR (1994). Using monthly precipitation data to estimate the R-factor in the revised USLE. Journal of Hydrology 157 (1994) 287-306.

Rodriguez Achung, F. (1995). El recurso del suelo en la amazonia peruana, diagnostico para su investigación (Segunda Aproximación), Instituto de Investigaciones de la Amazonia Peruana, documento técnico n° 14, octubre 1995, Iquitos – Perú.

Ruiz RA (1986). Evaluación de las influencias del bosque de protección en la conservación de suelo y agua. Oxapampa - Perú. Tesis para optar el Grado Magister Scientiae. Universidad Nacional Agraria la Molina, Perú 148 p. Citado por Dourojeanni, sin fecha.

Sanches de Oliveira PT, Alves Sobrinho T, Bicca Rodrigues DB, y E Panachuki (2010). Erosion Risk Mapping Applied to Environmental Zoning. Water Resour Manage (2011) 25:1021–1036 DOI 10.1007/s11269-010-9739-0.

SWAT Documentation Chapter 22 page 307, Version 2012

Wischmeier, W.H., 1959. A rainfall erosion index for a universal soil-loss equation. Soil Science Society of America Journal 23, 246–249; Citado por Oliveira, Wendland y Nearing (2012).